本书出版得到
国家文物保护专项经费资助

浙江省文物考古研究所田野考古报告　第57号

赵鼎家族墓

浙江省文物考古研究所
常山县文物保护管理所 ◎编著

文物出版社
北京·2024

图书在版编目（CIP）数据

赵鼎家族墓 / 浙江省文物考古研究所，常山县文物保护管理所编著． -- 北京 ：文物出版社，2024. 11.

ISBN 978-7-5010-8587-3

Ⅰ. K878. 8

中国国家版本馆 CIP 数据核字第 20245ME582 号

浙江省文物考古研究所田野考古报告　第 57 号

赵鼎家族墓

编　　著：浙江省文物考古研究所
　　　　　常山县文物保护管理所

责任编辑：王　媛
责任印制：王　芳

出版发行：文物出版社
地　　址：北京市东城区东直门内北小街 2 号楼
邮　　编：100007
网　　址：http://www. wenwu. com
邮　　箱：wenwu1957@ 126. com
经　　销：新华书店
制版印刷：宝蕾元仁浩（天津）印刷有限公司
开　　本：889mm×1194mm　1/16
印　　张：12. 25　　拉页：4
版　　次：2024 年 11 月第 1 版
印　　次：2024 年 11 月第 1 次印刷
书　　号：ISBN 978-7-5010-8587-3
定　　价：298. 00 元

Field Archaeological Report No. 57
Zhejiang Provincial Institute of Cultural Relics and Archaeology

The Family Cemetery of Zhao Ding

(With Abstracts in English and Japanese)

by
Zhejiang Provincial Institute of Cultural Relics and Archaeology
Changshan County Institute of Cultural Relics Protection and Management

Cultural Relics Press
Beijing · 2024

《赵鼎家族墓》编辑委员会

序

自东汉建安二十三年（218）建县以来，常山以独特的山水风情与厚重的人文底蕴吸引了众多文人墨客。常山位于浙、赣、闽、皖四省边际，有“浙西第一门户”和“八省通衢，两浙首站”之称。常山的母亲河常山江古称“金川”，为衢江主源、钱塘江南源，是两浙连接南方诸省的重要枢纽。在山河板荡、烽鼓不息的两宋之交，随着政治、经济中心的南移，民风淳朴、风景秀丽的常山成为南渡士人潜身远祸的避风港。对于南渡的士大夫，常山表现出了有容乃大的胸怀和气魄，儒、释、道三教并蓄，绘就了常山开放包容、兼收并蓄、崇文尚德、自强不息的文化底色。

南宋高宗建炎三年（1129），赵鼎安置家眷于常山，后又在此购置产业，成为闻喜赵氏一族在浙江的始祖。自建炎四年（1130）十一月至高宗绍兴二年（1132）十月，赵鼎远离战乱离徙与宦海风波，隐居于常山黄冈山永年寺。这是赵鼎一生中在常山最长的一段时间，也是赵鼎人生中为数不多的物质上丰足充裕、精神上自由闲适的时光。在此期间，赵鼎曾与寺僧了空及魏矼、范冲、喻樗、江袤、江纬、程俱等交游唱和，创作了大量吟风咏月、诗酒往来的诗歌，这些诗歌冲和平淡，于野草闲花中显露出赵鼎生命最本真的状态。于赵鼎而言，常山已经成为他的“第二故乡”。这就不难理解赵鼎为何将家族墓址选在常山，为何在《家训笔录》中将关于家族产业的构想集中于常山，为何在绝食自尽之前遗言后人将其归葬于常山。

死亡与生命一样，是人类永恒的话题。墓葬作为安放死者遗骸的人造空间，既维护了往生者的安宁，也寄托着生者的意图和现实需求。它既是人类物质社会的遗存，也是人类精神世界的反映，蕴藏着丰富的历史信息和文化内涵，是社会政治制度、经济发展水平、文化思想变革等信息的重要载体。宋代是中国历史上承前启后、继往开来的重要时代。自宋太祖立国之后，“兴文教，抑武事”[1]。儒家历来提倡孝道，将养生送死等量齐观。《礼记·中庸》云：“践其位，行其礼，奏其乐，敬其所尊，爱其所亲，事死如事生，事亡如事存，孝之至也。”[2] 赵鼎的学术渊源承自伊川洛学学派，该学派重视道德规范和道德修养，致力于追求完善的人格和高尚的道德境界。赵鼎素重元祐风尚，崇德尚简、洁己奉公，这从赵鼎家族墓的规格、形制以及墓葬内出土的器具亦可窥见一斑。赵鼎生前曾为政敌朱胜非、秦桧之流所诬，谓其骄纵奢侈、纳贿营私，他于晚年作《辩诬笔录》逐一辩诬，但自辩之言似乎并不能彻底令人信服。赵鼎家族墓的发掘成为赵鼎清白

---

[1]（宋）李焘：《续资治通鉴长编》卷一八，中华书局，1995年，第3册第394页。

[2]（汉）郑玄注、（唐）孔颖达疏：《礼记正义》，见《十三经注疏》整理委员会整理、李学勤主编《十三经注疏》，北京大学出版社，1999年，下册第1439页。

最直接的证据，印证了赵鼎《辩诬笔录》所言非虚，更是赵鼎“气作山河壮本朝”[1] 的最好诠释。

为赓续常山绵延不绝的文脉，唤醒久远的历史文化记忆，激活城市蓬勃发展的新活力，经国家文物局批准，浙江省文物考古研究所会同常山县文物保护管理所，于2019~2020年对赵鼎家族墓实施抢救性考古发掘。考古工作者沐雨餐风、青灯黄卷，做了大量深入细致的研究工作，取得了丰硕的成果。本次考古发现的遗迹、遗物，特别是赵鼎墓志和赵洙墓志，极具文献价值、历史研究价值，它们将残缺、模糊的历史补缀起来，还原出一幅真实、鲜活、温情的赵鼎家族图景，对研究赵鼎生平、家庭及南宋士人家族有重要意义。书中的每一幅插图、每一张照片、每一条历史信息，都凝结着考古工作者的心血和汗水。《赵鼎家族墓》的付梓，对所有工作人员而言可谓夙愿得偿。作为收录赵鼎家族墓考古发现成果的首部著作，本书还梳理了赵鼎及其家族的相关历史研究资料，可以说是目前关于赵鼎家族最为翔实、全面的基础资料，相信今后可作为赵鼎及其家族最为权威的原始资料传之后世。

中华民族向来有重视历史、研究历史、借鉴历史的优良传统，而每一项考古发掘的成果都会让我们穿越时空，更为精确、鲜明地于典籍之外洞察时代精神与社会风貌，并从中升华和凝练中华文化的精华，更为全面地认识历史、阐释历史、传承历史，进而在历史与现代的交融、继承与发展的碰撞中，进一步坚定文化自信，推动文化创新，履行我们的历史使命。正如习近平总书记在文化传承发展座谈会上强调的那样——“在新的起点上继续推动文化繁荣、建设文化强国、建设中华民族现代文明，是我们在新时代新的文化使命”。云程发轫，踵事增华。行远自迩，踔厉奋发。衷心希望本报告的出版能够践行所有工作人员当初的诺言：把“过去”献给“现在”，把“现在”交给“未来”，让“未来”更加精彩！

编者

2024年5月

[1]（元）脱脱等：《宋史》卷三六〇《赵鼎传》，中华书局，1977年，第32册第11294、11295页。

目 录

上 编 考古报告

下 编 文献研究

插图目录

彩版目录

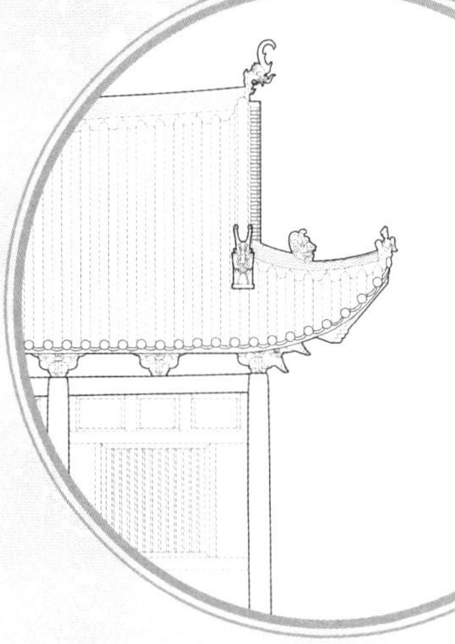

上编

考古报告

第一章　概　述

2019年10月至2020年1月，为配合浙江省常山县何家乡长风村村舍安置项目建设，经国家文物局批准［考函字（2020）第（005）号］，浙江省文物考古研究所会同常山县文物保护管理所对工程涉及范围进行了考古勘探和发掘，清理宋代墓葬4座，出土墓志3方。根据墓志记载和相关文献佐证，此地为南宋初年宰相赵鼎及其三子的家族墓地（图1-1；彩版一：1）。

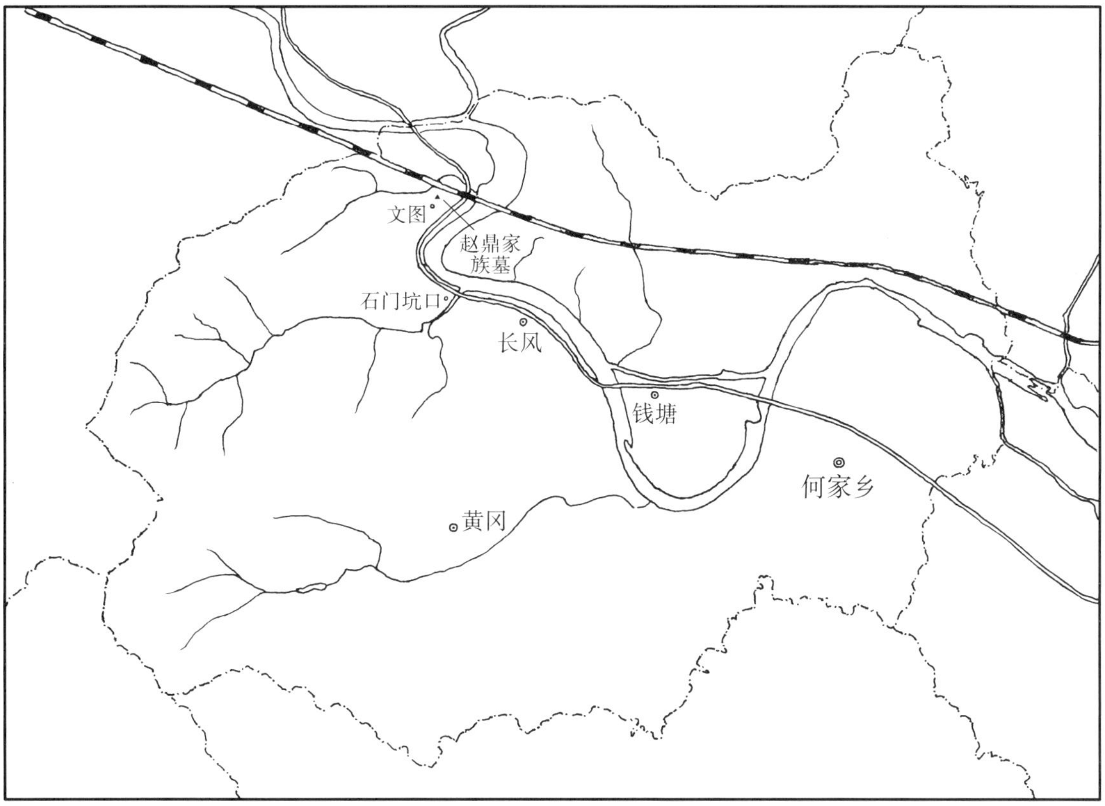

图1-1　赵鼎家族墓位置示意图

一　地理环境

赵鼎（1085~1147），字元镇，号得全居士，解州（今山西运城）闻喜人，南宋著名政治家、诗人，曾两度出任宰相。他力荐岳飞率军抗金，使得南宋王朝转危为安并一度出现了“中兴”的局面，《宋史》誉之为“中兴贤相之首”。后赵鼎被奸臣秦桧迫害，绝食而死，以死明志，遗嘱“归葬常山”。绍兴十八年（1148）得旨归葬，绍兴二十年（1150）葬于常山石门（今何家乡长风村文图自然村）。宋孝宗时，赵鼎被追赠太傅、丰国公，赐谥“忠简”，故其墓被称为“忠简古冢”，是常山县“古十景”之一。

赵鼎家族墓位于浙江省衢州市常山县何家乡长风村文图自然村一处西南—东北走向的小型山谷中。山谷西南开口，地势较低；东北端地势较高，充当护山。以赵鼎墓室为基点，前部有西南—东北走向的小山垄作为案山，案山外为宽阔的常山港，江水东岸山峰高峻，与墓室对位精准，是为墓园朝山。此外，赵鼎墓室所在山坡为一条西北—东南走向山垄的端头，符合形势派风水理论的“西北来龙”之势。简言之，赵鼎家族墓园风水环境严整，背山面水，环境清幽，不失为风水宝地。

赵鼎家族墓尽管前有江、后有山，青龙、白虎、靠山都比较清晰，但是青龙、白虎包围的明堂不够宽阔平坦，可以看出这并不是他在位得势时选择的墓地。且其选址多少反映了当时在江南地理环境下墓地的选择标准已经与在北方平原上有很大不同，这也是“形法”风水，即所谓“峦头派”在丧葬实践中兴起的表现。

根据现状推测，江水在宋代时应该更靠近墓地。也就是说，当时的环境是一个小山谷外有一小片农田，格局不大，但自成体系，是合乎一般读书人财力和理念的墓葬用地。

选择墓地于此，还有个重要原因就是“忠简古渡”提供了便利的交通。古渡因“忠简”而名，但古渡的历史当远早于赵鼎生活的时代。

此外，文图自然村的村名由来亦和赵鼎墓有关。“文图”一词在常山方言中和坟头（墓）同音。当地村民一直相传此地是赵鼎归栖，久而久之便将“坟头”一词化为“文图”，作为村名。

二　历史沿革

常山县历史悠久，辉埠镇大埂村出土的新石器时代晚期石器表明，四五千年前已有人类在这一地区繁衍生息。

常山，春秋时为姑蔑之地。战国时属楚国。秦属会稽郡之太末县，沿袭到汉。

东汉末初平三年（192），分太末置新安县（今衢江区）。建安二十三年（218），分新安置定阳县，此为常山建县之始。县治在前定阳乡三冈（今何家乡璩家村、金家村一带）。初属会稽郡，隶扬州刺史部。三国吴宝鼎元年（266）后，属东阳郡。两晋不变。南朝梁陈时曾隶缙州，属信安郡。隋大业三年（607），并入信安县。

唐武德四年（621），分信安县置定阳县，属衢州，隶越州总管府，县治仍设于三冈。武德八年（625），又并入信安县，属婺州。咸亨五年（674），分信安置常山县，因县南有常山而得名。县治在前常山乡古县畈（今招贤镇古县村、古县畈村一带），属婺州。垂拱二年（686），属衢州。证圣元年（695），分常山、须江（今江山）两县西部和弋阳县一部分置玉山县。乾元元年（758）起，常山县一度划归信州县（今江西上饶），不久仍属衢州。广德二年（764），县治迁至常山镇巡检司（今天马街道）。唐代常山县初隶江南东道，后隶浙江东道、浙江西道，晚唐归藩镇节度使管辖。

五代十国时期，常山县归入吴越国版图，属衢州。

宋乾德四年（966），在常山县西北置开化场。太平兴国三年（978），吴越国钱俶纳土归宋。太平兴国六年（981），升开化场为开化县。常山县大体形成现今的地域范围。宋代，常山仍属衢州，初隶两浙道、两浙路，后隶两浙东路。南宋咸淳三年（1267），改名信安县。

元至元十三年（1276），复名常山县，属两浙都督府（安抚司）衢州路总管府。二十一年（1284），隶江淮行省衢州路。二十八年（1291），隶浙江等处行中书省浙东道宣慰司衢州路。

明代，常山县属衢州府，隶浙江等处行中书省金衢道。洪武九年（1376）后，隶浙江承宣布政使司金衢道衢州府。

清代，常山县属衢州府，隶浙江省金衢严道。

民国初，废府。常山县属金华道，隶浙江省。民国16年（1927），实现省县二级制，常山县属浙江省。民国24年（1935）后，省县间设行政督察区，常山县先后隶属第五、第四、第三行政督察区。

中华人民共和国成立后，常山县隶属浙江省衢州专区。1955年3月，衢州专区撤销，改属金华专区。1958年10月，常山县撤销，并入衢县。1961年10月，恢复常山县，仍属金华专区。1985年7月，金华、衢州分别设市，实行市管县，常山县属衢州市。

三 发掘经过

2018年5月21日，常山县委常委、宣传部部长余风，常山县委宣传部副部长郭永平、付小丽，常山县文化广电新闻出版局局长徐良其、副局长何萍，常山县文物管理委员会办公室主任石慧一行，到浙江省文物局汇报常山建县1800周年庆典相关工作，并到浙江省文物考古研究所对接定阳古邑考古勘探事宜。9月4日，王海明带领常山县文物保护管理委员会办公室的张立羊、陈琛及常山县文化艺术管理中心的祝慧君，在何家乡钱塘村定阳古邑所在地进行了为期一周的考古调查和考古勘探。9月的常山依然骄阳似火，酷暑难耐。工作人员开展座谈访问、实地调查，探沟试掘、铲刮剖面，但并没有发现汉代的文化堆积和遗物。定阳古邑考古调查勘探没有取得预期的成果。

此时，余风部长提出将考古工作转向调查位于何家乡长风村的疑似“忠简古冢”赵鼎墓的建议。如能通过考古工作确定赵鼎墓的位置并发掘出有价值的文物，不仅可拨开困扰学者和世人千年之久的历史迷雾，对于常山县打造“宋诗之河”也具有重要意义。这一提议得到了郭永平副部长和何家乡党委书记程敏芳的积极响应和大力支持。相传“中兴贤相”赵鼎的墓在何家乡长风村文图自然村，但墓葬是否还存在，说法不一。有说当年建开化到常山国道（今205国道）时已被破坏，也有说在新建衢（州）九（江）铁路时被破坏。工作人员查阅清嘉庆《常山县志》（图1-2）等地方历史文献，并经过实地踏勘，发现墓葬可能的所在地虽因村民建房被削平了部分山体，但基本格局仍得以保存，地望环境亦与文献描述吻合，故初步判断赵鼎墓应该还有保留。大家的工作热情被点燃，随即便履行考古勘探的必要程序，着手准备实施野外考古勘探作业。

图 1-2　清嘉庆《常山县志》载《忠简故冢》图[1]

2018 年 10 月 19 日，常山县文化广电新闻出版局发文请示浙江省文物局（常文广新报〔2018〕30 号），申请对常山县赵鼎墓遗址进行考古发掘。11 月 13 日，浙江省文物局文物保护与考古处给浙江省文物考古研究所下发委托考古工作函，下达考古勘探任务。鉴于赵鼎墓勘探工作比较单纯的实际情况，以及浙江省文物考古研究所考古力量相当紧张的客观现实，同时为了培养锻炼基层文物干部野外勘探发掘工作的水平和能力，实现浙江省文物局提出的将考古力量留在基层的目标，本次考古勘探采取浙江省文物考古研究所派员指导、技工协助进行测绘等技术工作的形式，现场工作由张立羊负责，陈琛、祝慧君协助。

野外考古勘探工作于 2019 年 10 月正式开始。根据地形地貌环境，此次勘探工作将墓园作为一个整体，运用聚落考古方法，在山岙整体布方清理（图 1-3）。由于历代耕作等人为和自然因素的破坏，遗存保存状况不甚理想。

按照常理推测，赵鼎墓应该在山岙顶端紧贴新建的衢（州）九（江）铁路处，但工作人员对该区域进行全面清理后并没有发现赵鼎墓的踪影，于是将勘探区往两侧山坡扩大。在清除茶树后，右侧山坡（下山方向）上四座圆形岩坑墓暴露在眼前，真是“众里寻他千百度。蓦然回首，那人却在，灯火阑珊处”。工作人员首先确定各墓葬位置，随后逐一清理发掘。出土的墓志证明这里确实是赵鼎及其三个儿子的家族墓地。（彩版二、三、四）

[1]（清）陈珄修辑：嘉庆《常山县志》卷首，见常山县地方志编纂委员会编《常山旧志集成》，中华书局，2012 年，第 4 册第 46、47 页。

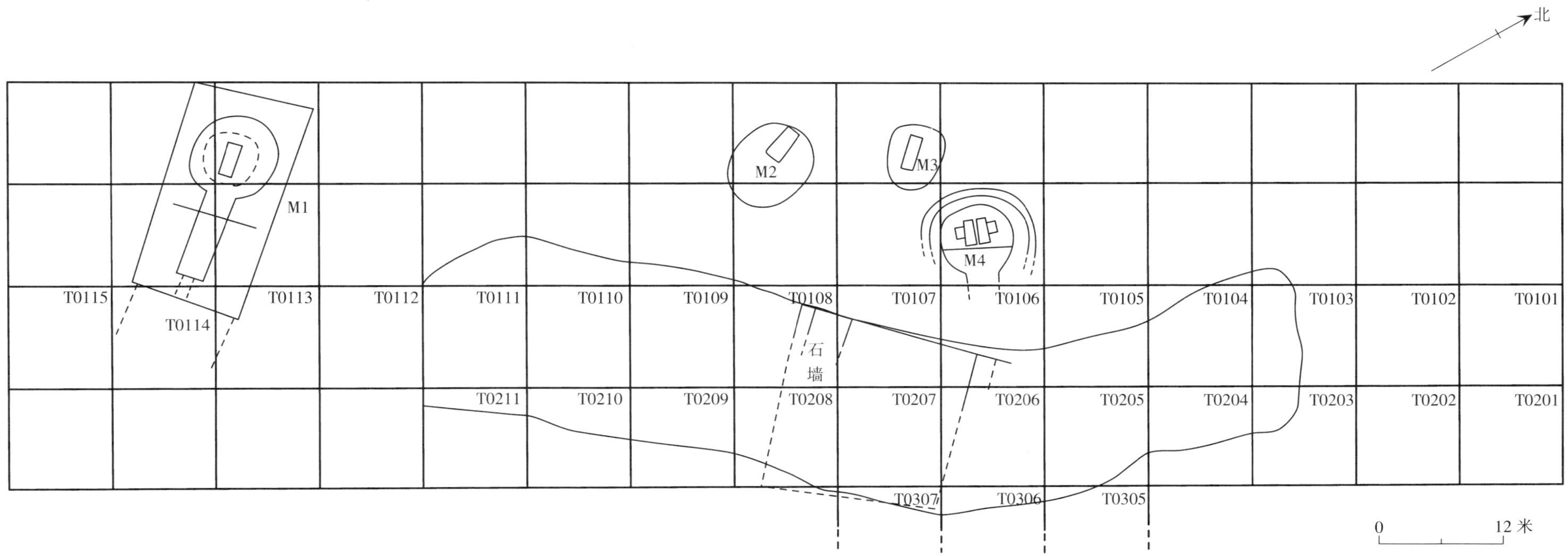

图 1-3　赵鼎家族墓平面示意图

2020 年 1 月，野外工作结束，出土文物被运回库房进行科学保护，赵鼎家族墓遗址被覆砂回填保护。

2022 年，赵鼎文化园建设工程启动，拆除了原墓坊和风水池位置的民房，工作人员又进行了补充勘探（彩版一：2）。因为后期破坏严重，墓园所在地形地貌已完全改变，无法获知墓坊和风水池等建筑的确切信息，甚为遗憾。

第二章　墓　葬

赵鼎家族墓共发现四座墓葬：赵鼎墓（M1）位于家族墓地的南端；赵洙及妻陆氏合葬墓（M4）、赵渭墓（M3）、赵汾墓（M2）相对集中，分布于家族墓地的北侧。四座墓葬均为凿穿基岩形成圆形岩坑，长方形墓室位于圆形岩坑的正中心。四座墓葬均遭多次盗掘，其中 M1 和 M4 保存相对较好，石质墓志得以留存。

此外，在 M2、M3、M4 东侧（坡下）有一大型建筑遗迹。该建筑遗址西侧、南侧有石砌护坡，建筑基址较南侧坡地明显高出 0.8 米，以砖砌斜坡道路相连，斜坡处倾倒有大量的建筑砖瓦。据残存建筑基址，该建筑长、宽在 18 米左右。该建筑遗迹破坏严重，保存状况很差，故无法科学厘清其建筑规模及结构，无法判断其性质，也无法明晰其与墓葬的确切关联，更无法判断其营建、使用和废弃的准确年代。从块石砌筑护坡的石材和技法与 M3、M4 前石砌步道遗存基本一致的情况，推断二者大体同时，该建筑应与整个墓地的祭祀（墓祠）有关。诸墓之间原有砖砌道路相连，残存砖砌路面长 390、宽 92 厘米，路面复原宽 180 厘米。

一　M1

M1 相较其他三墓保存稍好，发掘时岩坑墓室洞开。考古发掘基本揭示了墓园全貌及其格局。墓园整体呈西北—东南向，背靠小山。墓园主体按中轴线排布，自下而上分别为神道、墓祠、墓道、墓室，墓室位于最高处。墓园有砖石园墙，四角有阙楼。（图 2-1；彩版五、六、七）

墓园占地面积约 600 平方米，墓前未见墓仪石刻。据反映，附近村民新建房屋时曾发现墓仪石刻，应已被破坏或挪作他用。

墓葬营建时先挖岩坑，岩坑总深 710 厘米，环墉处直径 800、深 480 厘米，封土圈直径 336 厘米。封土无存。石椁墓室，单穴，用红砂岩条石构筑而成，石板盖顶，墓室内长 210、内宽 100、深 100 厘米，墓底未见底板。石椁盖板和随葬品无存。椁室前端外发现一通石墓志，墓志直立竖放。（彩版八、九、一〇、一一：1）

地表有石砌须弥座，平面呈圆形。推测封土原为圆丘形。须弥座外围地表铺砖，形成圆形平面，被环墉包裹在内。环墉立面亦全部砌砖。环墉上表面铺砖自上向下倾斜。环墉四角有阙楼，顶部两个阙楼保存稍好，可知为子母阙，平面为曲尺形。阙楼周围出土大量陶质仿木构建筑构件。自顶部阙楼沿山势向下，直至墓祠后檐，均有砖砌墙体遗迹，将墓祠与后部所有建筑物包围在内，

具有较强的封闭性。（彩版一一：2）

环墉表面铺砖长 24、宽 11、厚 5 厘米。环墉立面砌砖一端为斜面，一边长 23.5、一边长 24 厘米，宽 9、厚 6 厘米。

墓祠保留了后半部地坪，地表的柱础、铺砖、散水、墙基等设施基本完好。墓祠复原面阔约 932 厘米，其中次间面阔约 250 厘米、当心间面阔约 440 厘米，进深约 216 厘米。地坪铺方砖，墓祠后沿铺阶沿石。柱础石边长 54、厚 9 厘米。铺地方砖边长 18、厚 3 厘米。阶沿石完整者长 85.5、宽 31、厚 3 厘米。（彩版一二）

墓祠后部为墓道。墓祠与墓道之间有一小段露天的过渡空间，高于墓祠地坪约 20 厘米，表面用条砖铺就柳叶纹地面，铺地砖长 24、宽 6.5、厚 3.5 厘米。墓道原为砖砌，明代加铺一层卵石。墓道长 780、宽 266 厘米，共 9 阶，阶高 30 厘米。左右排水沟痕迹清晰可见。

明代修缮系在宋代砖铺地坪之上首先垫土，高约 30 厘米，然后在垫土表面铺卵石，表面无建筑基础。台阶部分亦使用卵石重新铺砌，间或使用砖块，为就地取用宋代铺砖。明代修缮的施工手法整体较为粗率。

出土器物

M1 多次被盗，清理出盗墓者留下的香烟盒、棉纱手套、手电筒、电池等物品。

墓志　1 方。因安放位置特殊得以保留。

M1∶1，赵鼎墓志。青石质地。高 160、宽 100、厚 18 厘米。志石正面阴刻楷书志文 27 行，共 979 字，其中 143 字因碑面残破而缺失或无法辨认。（图 2-2；彩版一三）

志文分为两段，第一段在《忠正德文集》有记载，内容为赵鼎绝食前所书；第二段是赵鼎次子赵汾为父安葬时所书。墓志录文如下（带□的字为根据《自志笔录》[1] 所补）：

赵氏得姓于赵城始封之地，晋赵成季其后也。余家出成季之裔，世居汾晋，历古仕宦不绝。艺祖初征河东，举族内徙，居解州闻喜县，今为闻喜人。曾祖荣累赠太师。曾祖母李氏累赠秦国夫人。祖友直累赠太师，追封申国公。祖母牛氏累赠秦国夫人。父玘累赠太师，追封秦国公。母李氏累赠秦国夫人。母樊氏累赠秦国夫人。余四岁而孤，太夫人樊氏躬自训导。二十岁乡里首荐，明年登进士第，崇宁五年也。初调凤州两当尉，次任岷州长道尉。以劳改京秩，调同州户曹。次任河中府河东县丞。丁秦国太夫人樊氏忧，服阕，调河南府洛阳县。靖康元年，除开封府士曹，寻改右判官，累迁朝请郎，赐绯鱼袋。丁未秋，沿檄南渡，寓居杭州，迁朝奉大夫，祠差主管洞霄宫。己酉春，迁居衢州。二月，车驾渡江，驻跸钱塘，是月被召。四月，至行在所，除司勋员外郎。五月，从驾还建康，对于普宁寺行宫。六月，除左司谏。七月，改殿中侍御史。八月，从驾平江。九月，除侍御史，从驾越州。十二月，至明州，除御史中丞。明年庚戌三月，复还绍兴。五月，除端明殿学士，签书枢密院事。十月，引疾奉祠，提举临安府洞霄宫，寓居衢之常山县黄岗山永年寺。壬子十月，除知平江

[1]（宋）赵鼎：《忠正德文集》卷一〇，景印文渊阁《四库全书》本，台湾商务印书馆，1985 年，第 1128 册第 767、768 页。

府，道改江东安抚大使，知建康府，节制庐寿军马。癸丑三月，移江西安抚大使，知洪州，节制蕲黄军马，兼制置大使。甲寅二月，召赴阙奏事。三月，除左中大夫，参知政事。八月，除知枢密院事，充川陕宣抚使，寻改都督川陕荆襄军马。九月，充明堂大礼使。是月末，除尚书右仆射，兼枢密使。十月，扈从亲征，驻平江。乙卯正月，扈从还临安。二月，迁左仆射，兼枢密使，都督诸路军马，监修国史。丙辰九月，扈从驻平江。十二月，引疾，除观文殿大学士，充浙东安抚制置大使，知绍兴府。丁巳八月，除万寿观使，兼侍读。九月，授金紫光禄大夫，守尚书左仆射，兼枢密使，监修国史。戊午九月，哲宗实录书成，授特进。十月，引疾，除检校少傅，奉国军节度使，充浙东安抚大使，知绍兴府。十二月，请祠，除醴泉观使，任便居住。己未二月，除知泉州。四月，落检校官、节度使，依旧特进。庚申五月，请祠，提举临安府洞霄宫。六月，至明州慈溪县。七月，责授清远军节度副使，潮州安置。甲子十月，移吉阳军。乙丑二月一日，渡海。二十五日，至吉阳军。丙寅十一月，得疾。丁卯八月十二日，终于贬所，寿六十三。得全居士赵鼎元镇自志。

绍兴十七年丁卯十二月十一日讣至，汾奉遗命令葬于衢州常山县。绍兴十八年戊辰二月二十二日，得旨归葬。十九年己巳正月初三日，汾扶柩至永年寺。二十年庚午十一月三十日壬寅，葬于衢州常山县定阳乡三岗石门湖坑社洪家坂。先妣宋氏，累赠秦国夫人。三男：长洙，右承事郎，赐绯鱼袋，卒于明州；次汾，见任右承事郎，赐绯鱼袋；幼渭，右承务郎，卒于慈溪县。三女：长适陈留李镇，次适右迪功郎范仲彪，幼适右迪功郎范仲岐。孙十一人，皆未仕。男汾泣血谨书。婿范仲彪书讳。信安徐世昌镌。

采集建筑构件

墓祠及墓园四角采集大量斗拱、板瓦、瓦当、脊兽等建筑构件。

1. 斗拱、柱础、铺作

共45件，其中斗拱29件、柱础10件、铺作6件。

M1采：1，平盘斗。外边长7.1、内边长4.5、厚3.7厘米。（彩版一四：1）

M1采：2，平盘斗。外边长7.1、内边长4.5、厚3.7厘米。（彩版一四：2）

M1采：3，平盘斗。外边长7.3、内边长4.7、厚3.7厘米。（图2-3：1；彩版一四：3）

M1采：4，柱础。长10.5、宽6.2、高3.5厘米。（彩版一四：4）

M1采：5，柱础。长7.3、宽6.3、高3.8厘米。（彩版一四：5）

M1采：6，柱础。长7.5、宽6.1、高3.7厘米。（彩版一四：6）

M1采：7，柱础。长7.2、宽5.8、高3.4厘米。（彩版一五：1）

M1采：8，柱础。长7、宽6.1、高3.7厘米。（彩版一五：2）

M1采：9，柱础。长7.2、宽6.1、高3.8厘米。（彩版一五：3）

M1采：10，柱础。长7.7、宽6、高3.5厘米。（彩版一六：1）

M1采：11，柱础。长7.7、宽6.3、高3.7厘米。（图2-3：2；彩版一六：2）

M1采：12，柱础。长8.1、宽6.5、高3.5厘米。（彩版一六：3）

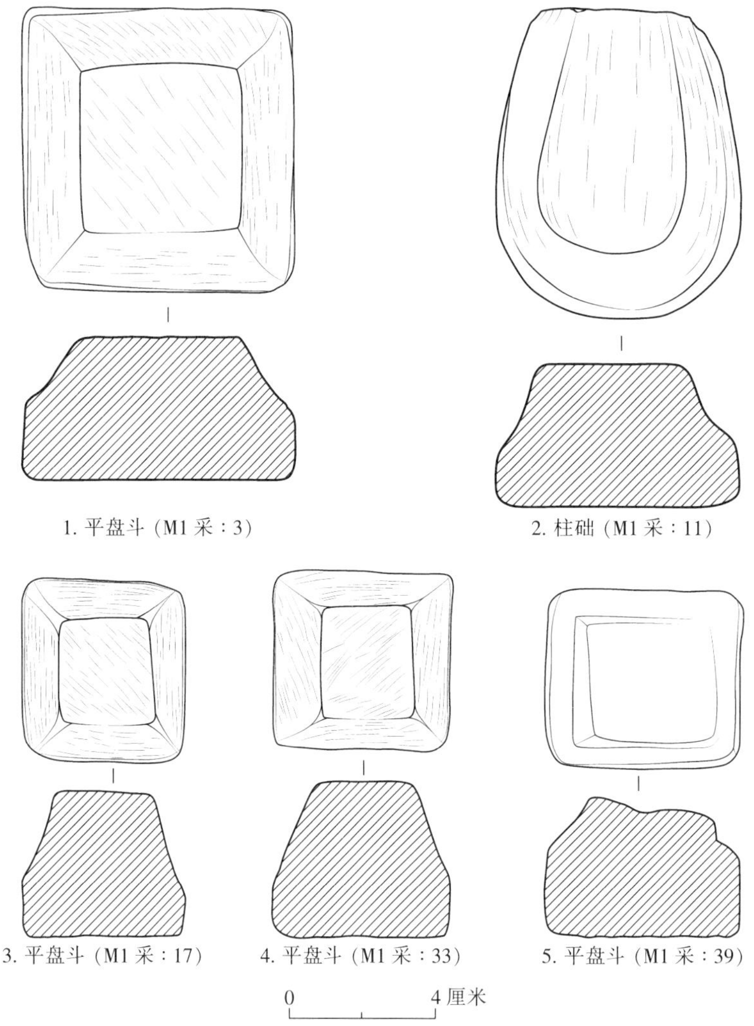

图2-3 M1采集斗拱、柱础

M1采：13，柱础。长10.5、宽6.2、高3.5厘米。（彩版一七：1）

M1采：14，平盘斗。外边长4.5、内边长2.5、厚3.7厘米。（彩版一七：2）

M1采：15，平盘斗。外边长4.5、内边长2.5、厚3.7厘米。（彩版一七：3）

M1采：16，平盘斗。外边长4.5、内边长2.5、厚3.7厘米。（彩版一七：4）

M1采：17，平盘斗。外边长4.5、内边长2.5、厚3.7厘米。（图2-3：3；彩版一七：5）

M1采：18，平盘斗。外边长4.5、内边长2.5、厚3.7厘米。（彩版一八：1）

M1采：19，平盘斗。外边长4.5、内边长2.5、厚3.7厘米。（彩版一八：2）

M1采：20，平盘斗。外边长4.5、内边长2.5、厚3.7厘米。（彩版一八：3）

M1采：21，平盘斗。外边长4.5、内边长2.5、厚3.7厘米。（彩版一八：4）

M1采：22，平盘斗。外边长4.5、内边长2.5、厚3.7厘米。（彩版一八：5）

M1采：23，平盘斗。外边长4.5、内边长2.5、厚3.7厘米。（彩版一八：6）

M1采：24，平盘斗。外边长4.5、内边长2.5、厚3.7厘米。（彩版一九：1）

M1采：25，平盘斗。外边长4.5、内边长2.5、厚3.7厘米。（彩版一九：2）

M1采：26，平盘斗。外边长4.5、内边长2.5、厚3.7厘米。（彩版一九：3）

M1采：27，平盘斗。外边长4.5、内边长2.5、厚3.7厘米。（彩版一九：4）

M1采：28，平盘斗。外边长4.5、内边长2.5、厚3.7厘米。（彩版一九：5）

M1采：29，平盘斗。外边长4.5、内边长2.5、厚3.7厘米。（彩版一九：6）

M1采：30，平盘斗。外边长4.5、内边长2.5、厚3.7厘米。（彩版二〇：1）。

M1采：31，平盘斗。外边长4.5、内边长2.5、厚3.7厘米。（彩版二〇：2）。

M1采：32，平盘斗。外边长4.5、内边长2.5、厚3.7厘米。（彩版二〇：3）

M1采：33，平盘斗。外边长4.5、内边长2.5、厚3.7厘米。（图2-3：4；彩版二〇：4）

M1采：34，平盘斗。外边长4.5、内边长2.5、厚3.7厘米。（彩版二〇：5）

M1采：35，平盘斗。外边长4.5、内边长2.5、厚3.7厘米。（彩版二〇：6）

M1采：36，平盘斗。外边长4.5、内边长2.5、厚3.7厘米。（彩版二一：1）

M1采：37，平盘斗。外边长4.5、内边长2.5、厚3.7厘米。（彩版二一：2）

M1采：38，平盘斗。外边长4.5、内边长2.5、厚3.7厘米。（彩版二一：3）

M1采：39，平盘斗。外边长5.2、内边长3.4、厚3.7厘米。（图2-3：5；彩版二一：4）

M1采：40，转角铺作。长28.5、残宽25.5、高3.5厘米。（彩版二一：5）

M1采：41，转角铺作。残长22、宽15、高4.5厘米。（彩版二二：1）

M1采：42，转角铺作。残长17.5、残宽10.5、高5.2厘米。（彩版二三：2）

M1采：43，柱头铺作。残长15、残宽14、高4厘米。（彩版二三：1）

M1采：44，转角铺作。残长14、残宽12、高4厘米。（彩版二二：2）

M1采：45，柱头铺作。残长10.3、残宽10.8、高3.7厘米。（彩版二三：3）

2. 重唇板瓦（滴水瓦）

重唇板瓦即滴水瓦，共47件。根据采集标本，重唇宽20~22厘米，唇厚约3.9厘米，瓦厚约1.3厘米。未发现完整重唇板瓦，故无法知其长度。瓦头纹饰有6种：第一种是瓦头饰水波纹（7件），第二种是瓦头饰弧线方格纹（12件），第三种是瓦头饰叶脉纹（12件），第四种是瓦头戳印圆圈纹（5件），第五种是瓦头饰菱形刻划纹（7件），第六种是瓦头饰弧形弦纹（4件）。

M1采：46，叶脉纹滴水。残宽21厘米。（图2-4：1；彩版二四：1）

M1采：47，叶脉纹滴水。残宽12.5厘米。（彩版二四：2）

M1采：48，叶脉纹滴水。残宽11.5厘米。（彩版二四：3）

M1采：49，叶脉纹滴水。残宽9厘米。（彩版二四：4）

M1采：50，叶脉纹滴水。残宽13厘米。（彩版二四：5）

M1采：51，叶脉纹滴水。残宽11.5厘米。（彩版二四：6）

M1采：52，弧线方格纹滴水。残宽13厘米。（彩版二五：1）

M1采：53，弧线方格纹滴水。残宽12.7厘米。（彩版二五：2）

M1采：54，弧线方格纹滴水。残宽16厘米。（彩版二五：3）

M1采：55，弧线方格纹滴水。残宽13.5厘米。（彩版二五：4）

M1采：56，弧线方格纹滴水。残宽13厘米。（彩版二五：5）

M1采：57，弧线方格纹滴水。残宽14厘米。（彩版二五：6）

M1 采：58，弧线方格纹滴水。残宽 18 厘米。（图 2-4：2；彩版二六：1）

M1 采：59，弧线方格纹滴水。残宽 14.5 厘米。（彩版二六：2）

M1 采：60，水波纹滴水。残宽 11 厘米。（彩版二六：3）

M1 采：61，弧线方格纹滴水。残宽 10 厘米。（彩版二六：4）

M1 采：62，水波纹滴水。残宽 13.5 厘米。（彩版二六：5）

M1 采：63，弧线方格纹滴水。残宽 10.8 厘米。（彩版二六：6）

M1 采：64，弧线方格纹滴水。残宽 12 厘米。（彩版二七：1）

M1 采：65，弧线方格纹滴水。残宽 11 厘米。（彩版二七：2）

M1 采：66，叶脉纹滴水。宽 21 厘米。（图 2-4：3；彩版二七：3）

M1 采：67，叶脉纹滴水。残宽 20 厘米。（图 2-4：4；彩版二七：4）

M1 采：68，叶脉纹滴水。宽 21 厘米。（彩版二七：5）

M1 采：69，叶脉纹滴水。残宽 15 厘米。（彩版二七：6）

M1 采：70，叶脉纹滴水。残宽 10.5 厘米。（彩版二八：1）

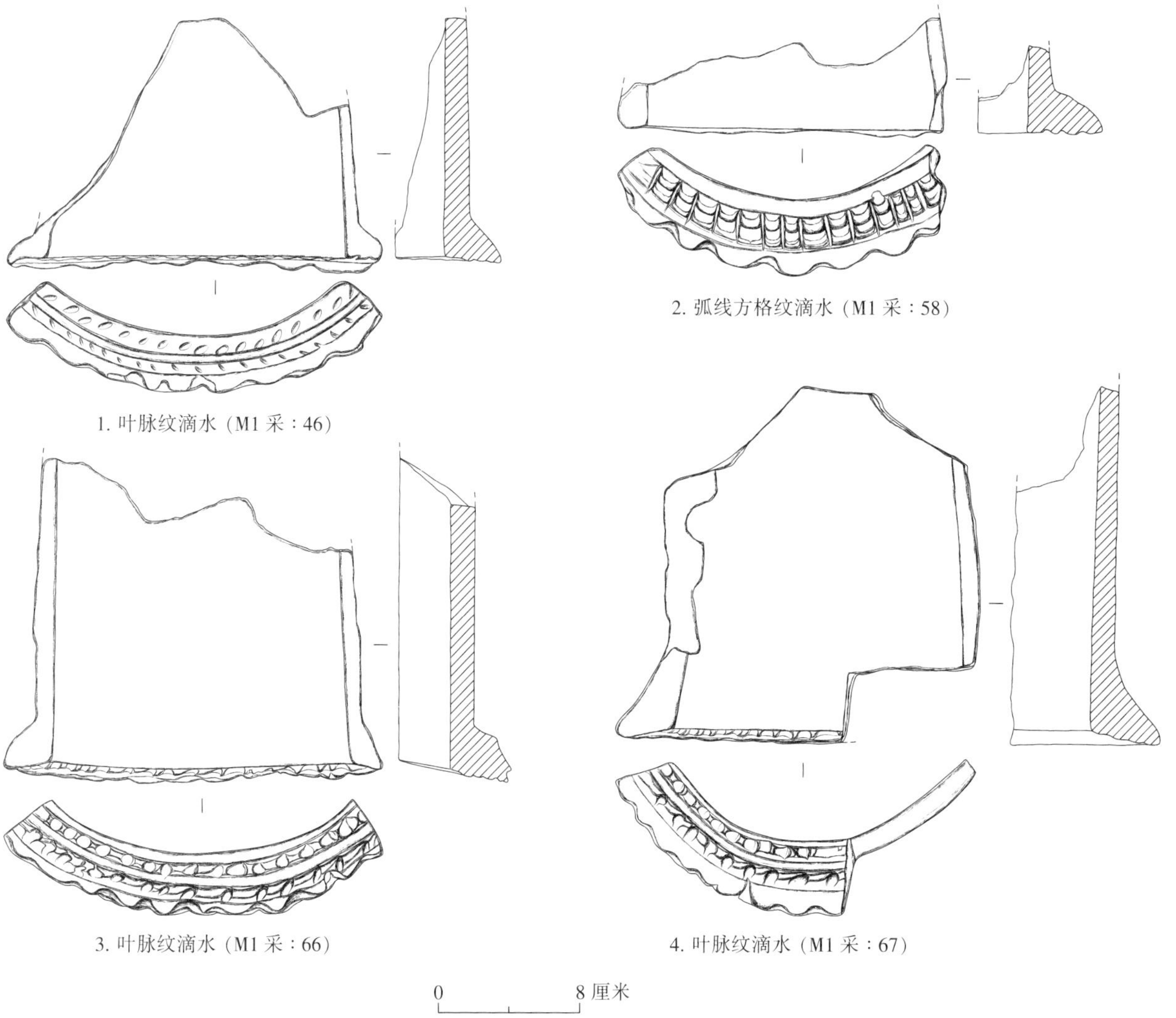

1. 叶脉纹滴水（M1 采：46）　2. 弧线方格纹滴水（M1 采：58）
3. 叶脉纹滴水（M1 采：66）　4. 叶脉纹滴水（M1 采：67）

图 2-4　M1 采集重唇板瓦（滴水瓦）

M1 采：71，弧形弦纹滴水。残宽 20 厘米。（彩版二八：2）

M1 采：72，弧形弦纹滴水。残宽 19 厘米。（彩版二八：3）

M1 采：73，弧形弦纹滴水。残宽 11.7 厘米。（彩版二八：4）

M1 采：74，弧形弦纹滴水。残宽 9 厘米。（彩版二八：5）

M1 采：75，菱形刻划纹滴水。宽 21 厘米。（彩版二八：6）

M1 采：76，菱形刻划纹滴水。宽 22 厘米。（图 2-5：1；彩版二九：1）

M1 采：77，菱形刻划纹滴水。残宽 13 厘米。（彩版二九：2）

M1 采：78，菱形刻划纹滴水。残宽 14.5 厘米。（彩版二九：3）

M1 采：79，菱形刻划纹滴水。残宽 11 厘米。（彩版二九：4）

M1 采：80，菱形刻划纹滴水。宽 21 厘米。（彩版二九：5）

M1 采：81，菱形刻划纹滴水。残宽 12 厘米。（彩版二九：6）

M1 采：82，戳印圆圈纹滴水。残宽 14.5 厘米。（图 2-5：2；彩版三〇：1）

M1 采：83，戳印圆圈纹滴水。残宽 12 厘米。（彩版三〇：2）

M1 采：84，戳印圆圈纹滴水。残宽 8 厘米。（彩版三〇：3）

M1 采：85，戳印圆圈纹滴水。残宽 10.3 厘米。（彩版三〇：4）

M1 采：86，戳印圆圈纹滴水。残宽 11 厘米。（彩版三〇：5）

M1 采：87，水波纹滴水。宽 20 厘米。（图 2-5：3；彩版三〇：6）

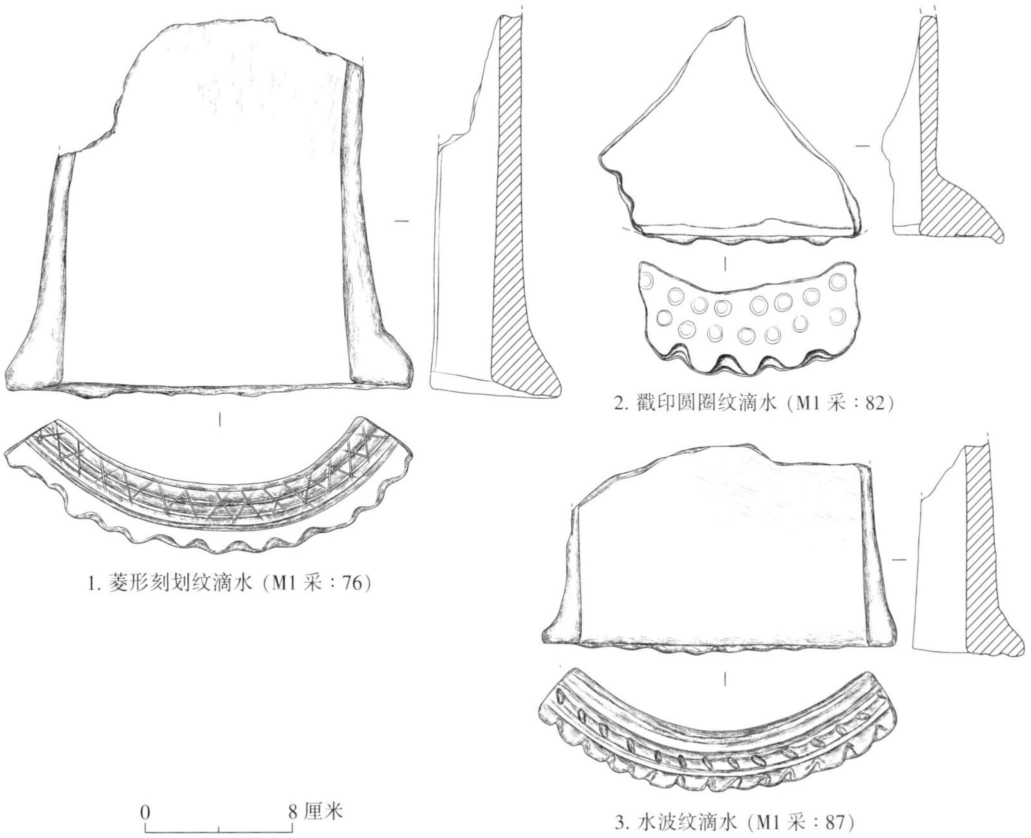

图 2-5　M1 采集重唇板瓦（滴水瓦）

M1 采：88，水波纹滴水。残宽 10 厘米。（彩版三一：1）

M1 采：89，水波纹滴水。残宽 15.2 厘米。（彩版三一：2）

M1 采：90，水波纹滴水。残宽 14 厘米。（彩版三一：3）

M1 采：91，水波纹滴水。宽 21 厘米。（彩版三一：4）

M1 采：243，叶脉纹滴水。残宽 19 厘米。（彩版三一：5）

3. 瓦当

瓦当共 37 件，大多数残损。当面为圆形，模印不同纹饰。按当面纹饰分为 7 种：第一种为螺旋纹瓦当（5 件），当面饰凸棱螺旋纹，当心为凸棱同心圆；第二种为十二莲瓣纹瓦当（1 件），当心为凸棱同心圆；第三种为十八莲瓣纹瓦当（11 件），当心为凸棱同心圆；第四种为二十二莲瓣纹瓦当（10 件），当心凸棱同心圆上附有四瓣柿蒂纹；第五种为十一莲瓣纹瓦当（6 件），当心为凸棱同心圆；第六种为九莲瓣纹瓦当（2 件），当心为凸棱同心圆；第七种为乳丁纹瓦当（2 件），由一条凸棱将乳丁分为内外两圈，当心为乳丁。瓦当直径为 11.5~14.5 厘米。

M1 采：92，螺旋纹瓦当。直径 13.5 厘米。（彩版三二：1）

M1 采：93，螺旋纹瓦当。直径 13.5 厘米。（图 2-6：1；彩版三二：2）

M1 采：94，螺旋纹瓦当。直径 14 厘米。（彩版三二：3）

M1 采：95，螺旋纹瓦当。直径 14 厘米。（彩版三二：4）

M1 采：96，螺旋纹瓦当。直径 14 厘米。（彩版三二：5）

M1 采：97，十八莲瓣纹瓦当。直径 13 厘米。（图 2-6：4；彩版三二：6）

M1 采：98，十八莲瓣纹瓦当。直径 13 厘米。（图 2-6：5；彩版三三：1）

M1 采：99，十八莲瓣纹瓦当。直径 13 厘米。（彩版三三：2）

M1 采：100，十八莲瓣纹瓦当。直径 13 厘米。（彩版三三：3）

M1 采：101，十八莲瓣纹瓦当。直径 13 厘米。（图 2-6：2；彩版三三：4）

M1 采：102，十八莲瓣纹瓦当。直径 13 厘米。（彩版三三：5）

M1 采：103，十八莲瓣纹瓦当。直径 13 厘米。（彩版三三：6）

M1 采：104，十八莲瓣纹瓦当。直径 13 厘米。（彩版三四：1）

M1 采：105，十八莲瓣纹瓦当。直径 13 厘米。（彩版三四：2）

M1 采：106，十八莲瓣纹瓦当。直径 13 厘米。（彩版三四：3）

M1 采：107，十八莲瓣纹瓦当。直径 13 厘米。（彩版三四：4）

M1 采：108，二十二莲瓣纹瓦当。直径 13.5 厘米。（彩版三四：5）

M1 采：109，二十二莲瓣纹瓦当。直径 13.5 厘米。（彩版三四：6）

M1 采：110，二十二莲瓣纹瓦当。直径 13.5 厘米。（彩版三五：1）

M1 采：111，二十二莲瓣纹瓦当。直径 13.5 厘米。（图 2-6：3；彩版三五：2）

M1 采：112，二十二莲瓣纹瓦当。直径 13.5 厘米。（彩版三五：3）

M1 采：113，二十二莲瓣纹瓦当。直径 13.5 厘米。（彩版三五：4）

M1 采：114，二十二莲瓣纹瓦当。直径 13.5 厘米。（彩版三五：5）

M1 采：115，二十二莲瓣纹瓦当。直径 13.5 厘米。（彩版三五：6）

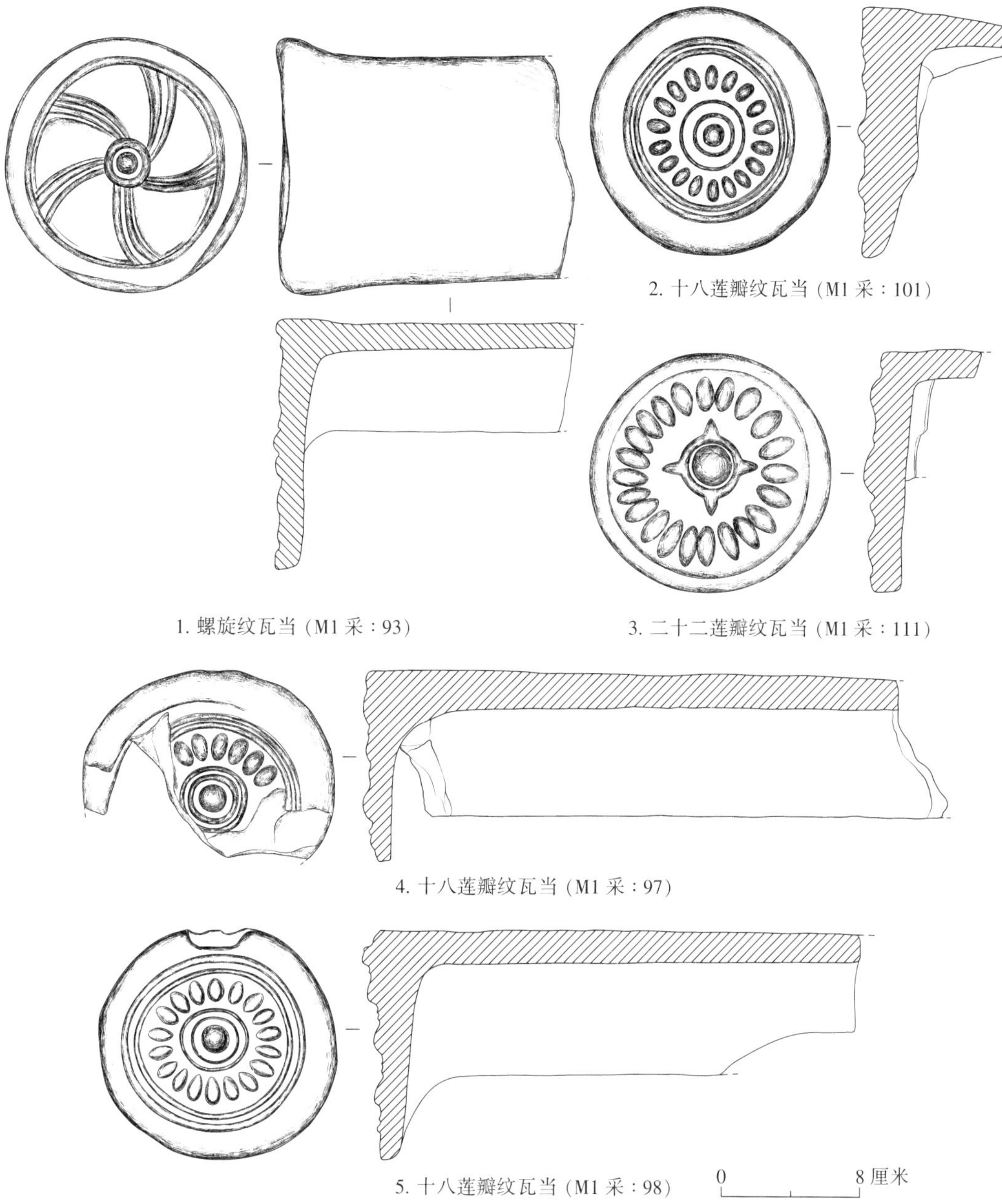

1. 螺旋纹瓦当（M1 采：93）
2. 十八莲瓣纹瓦当（M1 采：101）
3. 二十二莲瓣纹瓦当（M1 采：111）
4. 十八莲瓣纹瓦当（M1 采：97）
5. 十八莲瓣纹瓦当（M1 采：98）

图 2-6 M1 采集瓦当

M1 采：116，二十二莲瓣纹瓦当。直径 13.5 厘米。（彩版三六：1）

M1 采：117，二十二莲瓣纹瓦当。直径 13.5 厘米。（彩版三六：2）

M1 采：118，十一莲瓣纹瓦当。直径 12.5 厘米。（图 2-7：1；彩版三六：3）

M1 采：119，十一莲瓣纹瓦当。直径 12.5 厘米。（彩版三六：4）

M1 采：120，十一莲瓣纹瓦当。直径 12.5 厘米。（彩版三六：5）

M1 采：121，十一莲瓣纹瓦当。直径 12.5 厘米。（彩版三六：6）

M1 采：122，十一莲瓣纹瓦当。直径 12.5 厘米。（彩版三七：1）

M1 采：123，十二莲瓣纹瓦当。直径 14.5 厘米。（彩版三七：2）

M1 采：124，九莲瓣纹瓦当。直径 14.5 厘米。（图 2-7：2；彩版三七：3）

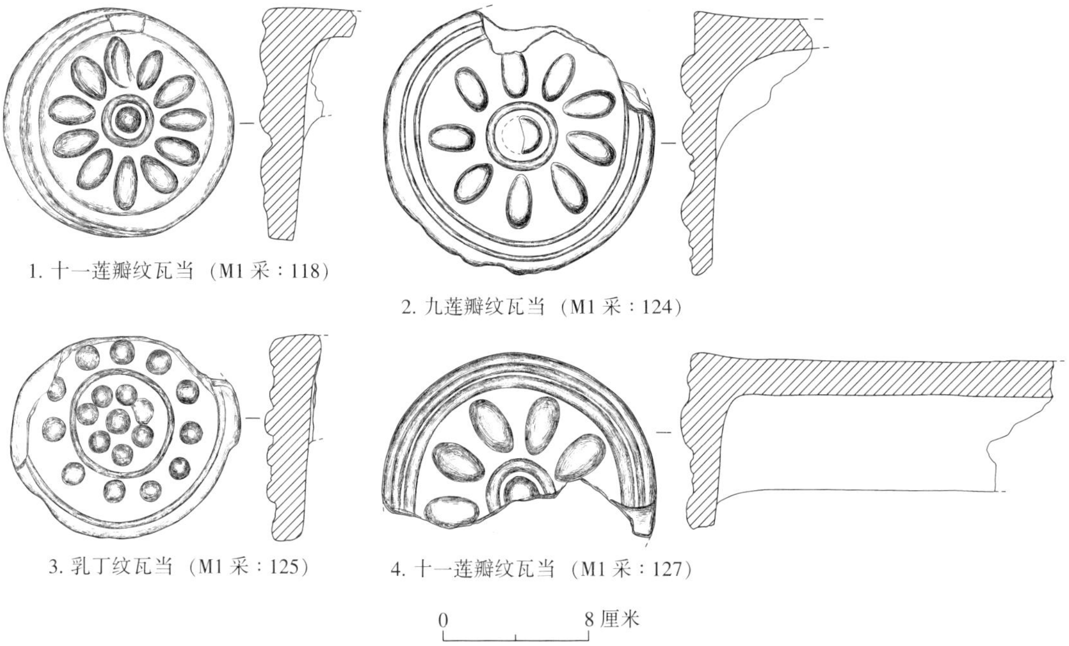

图 2-7　M1 采集瓦当

M1 采：125，乳丁纹瓦当。直径 11.5 厘米。（图 2-7：3；彩版三七：4）

M1 采：126，乳丁纹瓦当。直径 11.5 厘米。（彩版三七：5）

M1 采：127，十一莲瓣纹瓦当。直径 14.5 厘米。（图 2-7：4；彩版三七：6）

M1 采：128，九莲瓣纹瓦当。直径 14.5 厘米。（彩版三七：7）

（4）脊兽

共 20 件，多已残缺，其中鸱吻 7 件、檐角兽头 8 件、正脊兽头 4 件、兽头 1 件。

M1 采：129，鸱吻。残长 23 厘米。（图 2-8：1；彩版三八：1）

M1 采：130，鸱吻。残长 17 厘米。（图 2-8：2；彩版三八：2）

M1 采：131，鸱吻。残长 23 厘米。（图 2-8：3；彩版三八：3）

M1 采：132，鸱吻。残长 21 厘米。（图 2-8：4；彩版三八：4）

M1 采：133，鸱吻。残长 20.5 厘米。（图 2-9：1；彩版三九：1）

M1 采：134，鸱吻。残长 19 厘米。（图 2-9：2；彩版三九：2）

M1 采：135，檐角兽头。残长 18 厘米。（图 2-9：3；彩版三九：4）

M1 采：136，檐角兽头。残长 16 厘米。（图 2-9：4；彩版三九：5）

M1 采：137，檐角兽头。残长 16 厘米。（图 2-9：5；彩版四〇：1）

M1 采：138，檐角兽头。残长 17.5 厘米。（图 2-9：7；彩版四〇：2）

M1 采：139，檐角兽头。残长 23 厘米。（图 2-9：6；彩版四〇：3）

M1 采：140，檐角兽头。残长 10 厘米。（图 2-9：8；彩版四一：1）

M1 采：141，檐角兽头。残长 9.5 厘米。（图 2-9：9；彩版四一：2）

M1 采：142，正脊兽头。残长 13.5 厘米。（图 2-10：1；彩版四二：1）

1. 鸱吻（M1采：129）

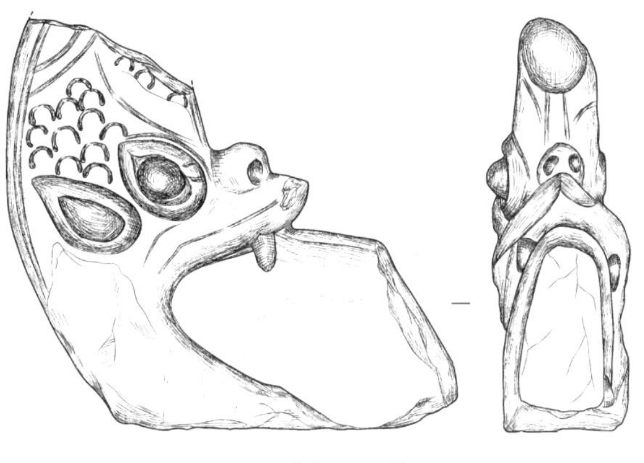

2. 鸱吻（M1采：130）

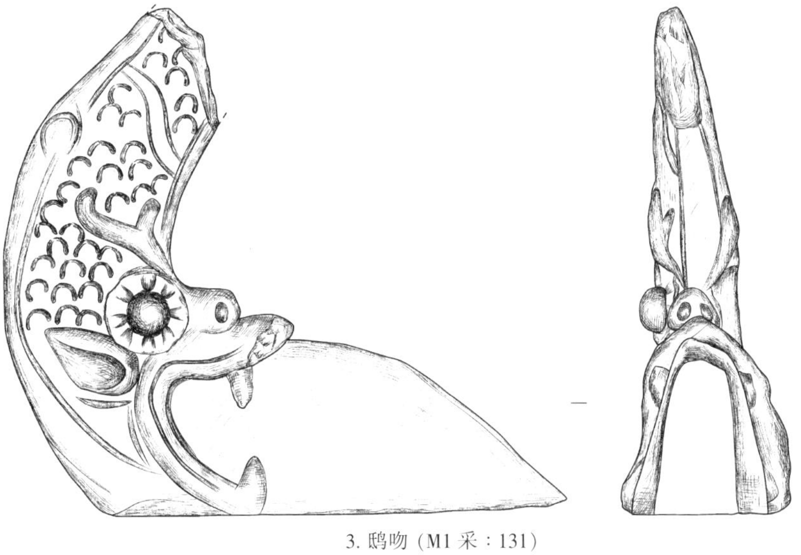

3. 鸱吻（M1采：131）

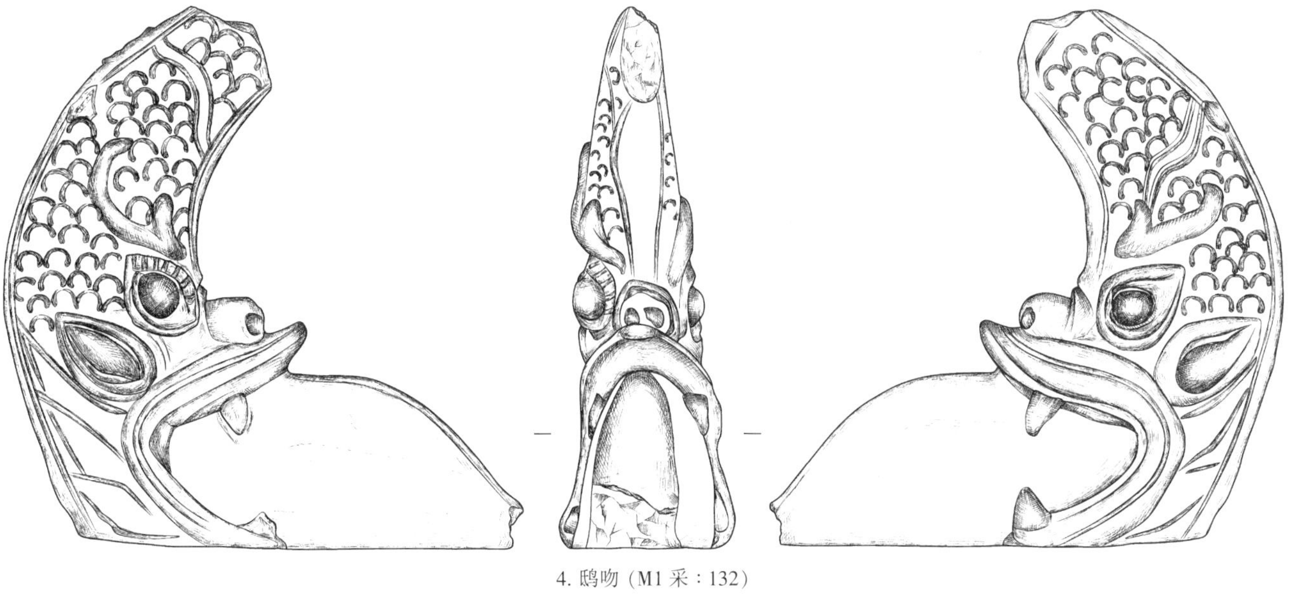

4. 鸱吻（M1采：132）

0　　6厘米

图2-8　M1采集脊兽

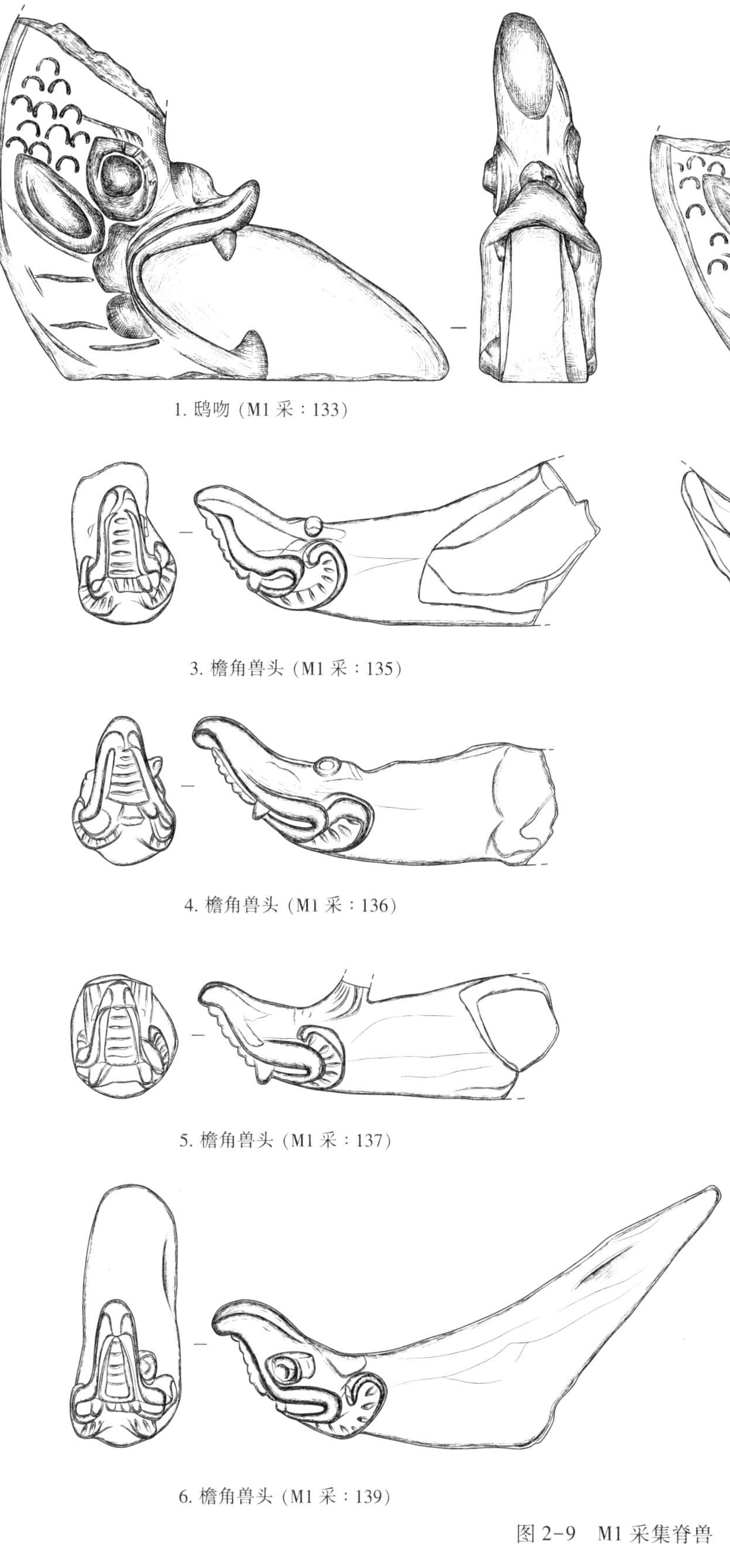

1. 鸱吻（M1采：133）

2. 鸱吻（M1采：134）

3. 檐角兽头（M1采：135）

4. 檐角兽头（M1采：136）

5. 檐角兽头（M1采：137）

6. 檐角兽头（M1采：139）

7. 檐角兽头（M1采：138）

8. 檐角兽头（M1采：140）

9. 檐角兽头（M1采：141）

图2-9 M1采集脊兽

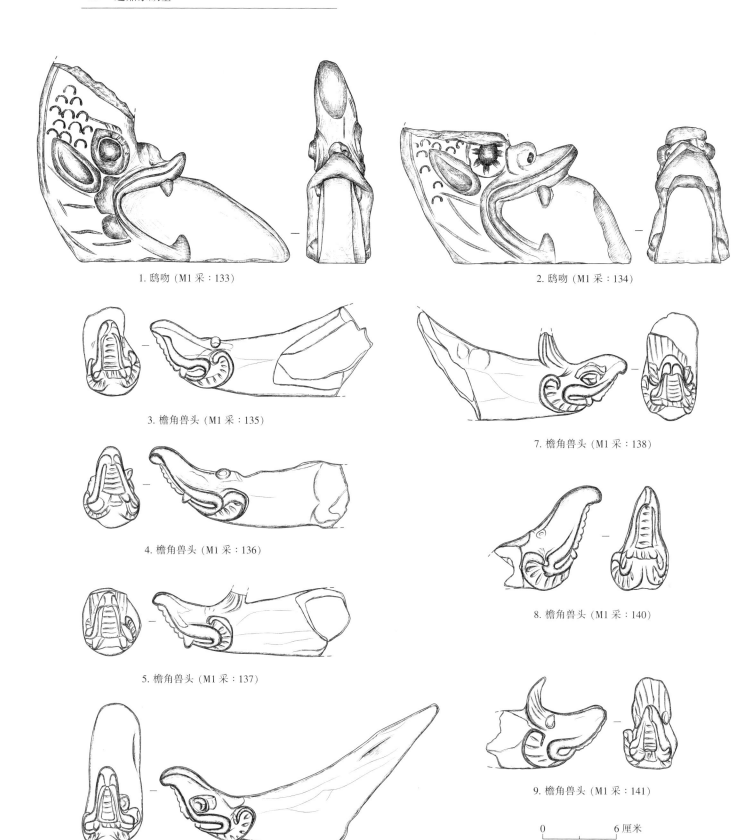

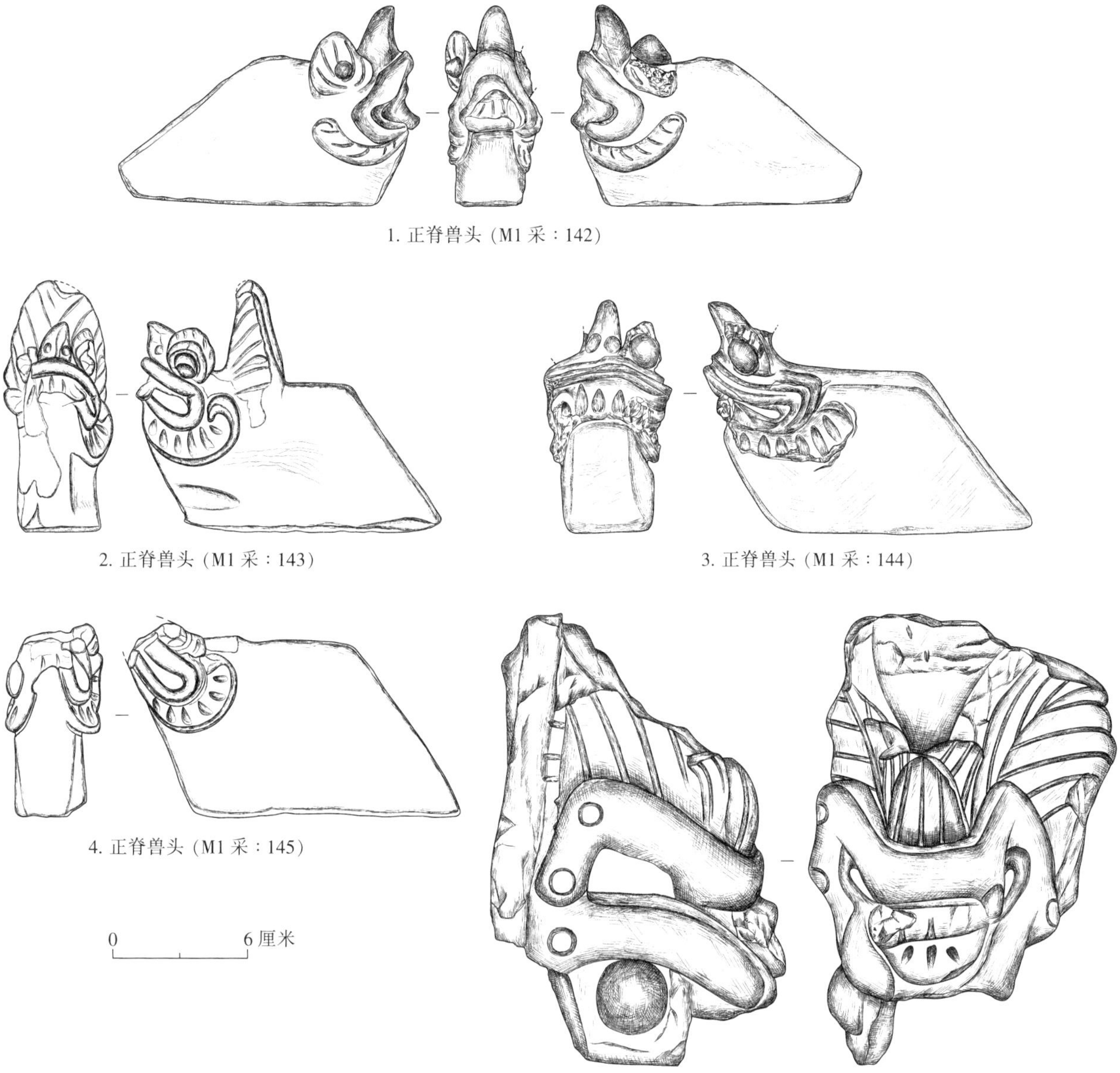

1. 正脊兽头（M1 采：142）

2. 正脊兽头（M1 采：143）

3. 正脊兽头（M1 采：144）

4. 正脊兽头（M1 采：145）

5. 兽头（M1 采：146）

图 2-10 M1 采集脊兽

M1 采：143，正脊兽头。残长 13 厘米。（图 2-10：2；彩版四二：2）

M1 采：144，正脊兽头。残长 13.5 厘米。（图 2-10：3；彩版四三：1）

M1 采：145，正脊兽头。残长 15 厘米。（图 2-10：4；彩版四三：2）

M1 采：146，兽头。残长 21 厘米。（图 2-10：5；彩版四三：4）

M1 采：215，檐角兽头。残长 14 厘米。（彩版四三：3）

M1 采：237，鸱吻。残长 13 厘米。（彩版三九：3）

（5）其他建筑构件

包括檐柱、望柱、瓦垄组合、勾栏、格子门、石构件等。其中檐柱 3 件、望柱 16 件、瓦垄组合 19 件、勾栏 14 件、格子门 2 件、石构件 1 件。

M1 采：147，望柱。残高 12 厘米。（彩版四四：1）

M1 采：148，望柱。残高 12.5 厘米。（图 2-11：1；彩版四四：2）

M1 采：149，望柱。残高 10 厘米。（彩版四四：3）

M1 采：150，望柱。残高 10.5 厘米。（彩版四四：4）

M1 采：151，望柱。残高 8.4 厘米。（彩版四五：1）

M1 采：152，望柱。残高 8.5 厘米。（彩版四五：2）

M1 采：153，望柱。残高 6 厘米。（彩版四五：3）

M1 采：154，望柱。残高 6.4 厘米。（彩版四五：4）

M1 采：155，望柱。残高 7.5 厘米。（彩版四五：5）

M1 采：156，望柱。残高 5 厘米。（彩版四五：6）

M1 采：157，望柱。残高 8.4 厘米。（彩版四五：7）

M1 采：158，望柱。残高 6 厘米。（彩版四五：8）

M1 采：159，望柱。残高 19.7 厘米。（图 2-11：2；彩版四六：1）

M1 采：160，望柱。残高 20 厘米。（图 2-11：3；彩版四六：2）

M1 采：161，望柱。残高 19.7 厘米。（图 2-11：4；彩版四六：4）

M1 采：162，檐柱。残高 28 厘米。（图 2-12：1；彩版四六：3）

M1 采：163，檐柱。高 22 厘米。（彩版四六：5）

M1 采：164，檐柱。残高 13 厘米。（彩版四六：6）

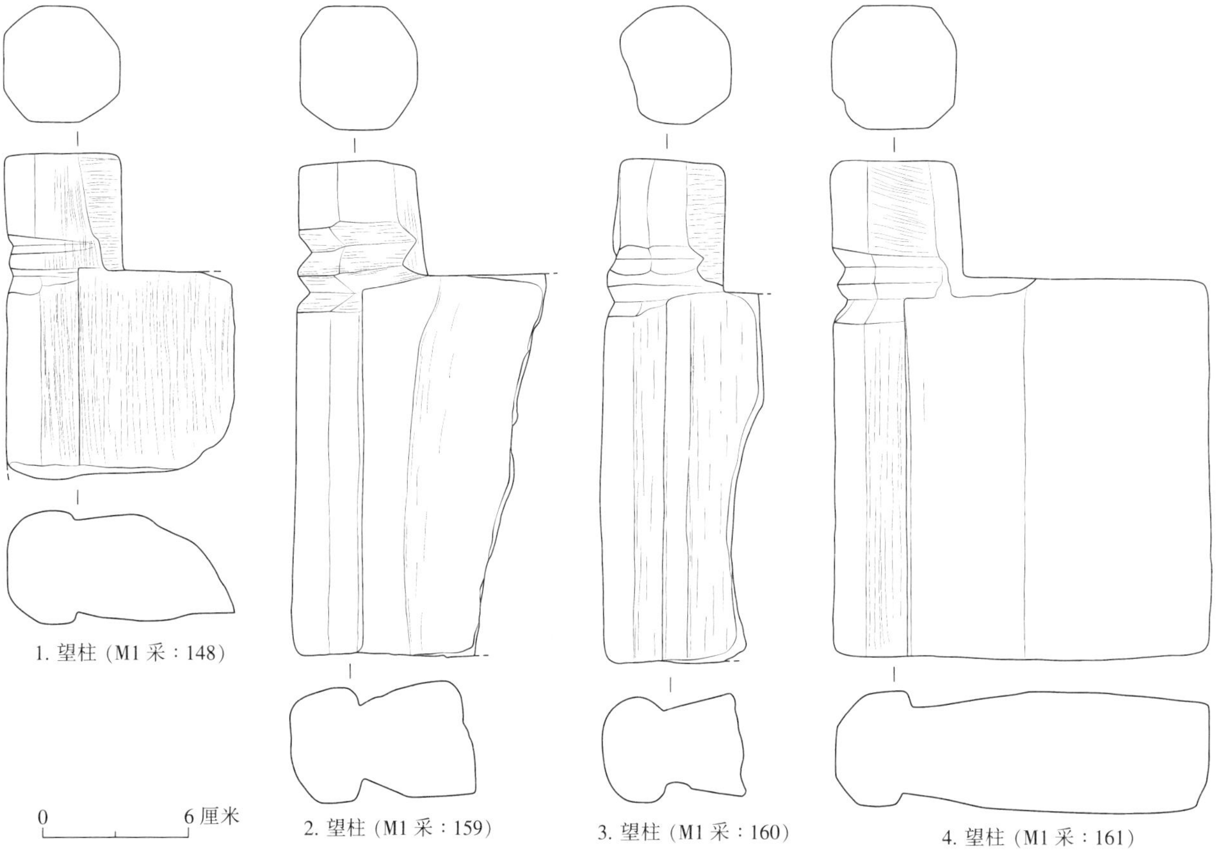

图 2-11　M1 采集其他建筑构件

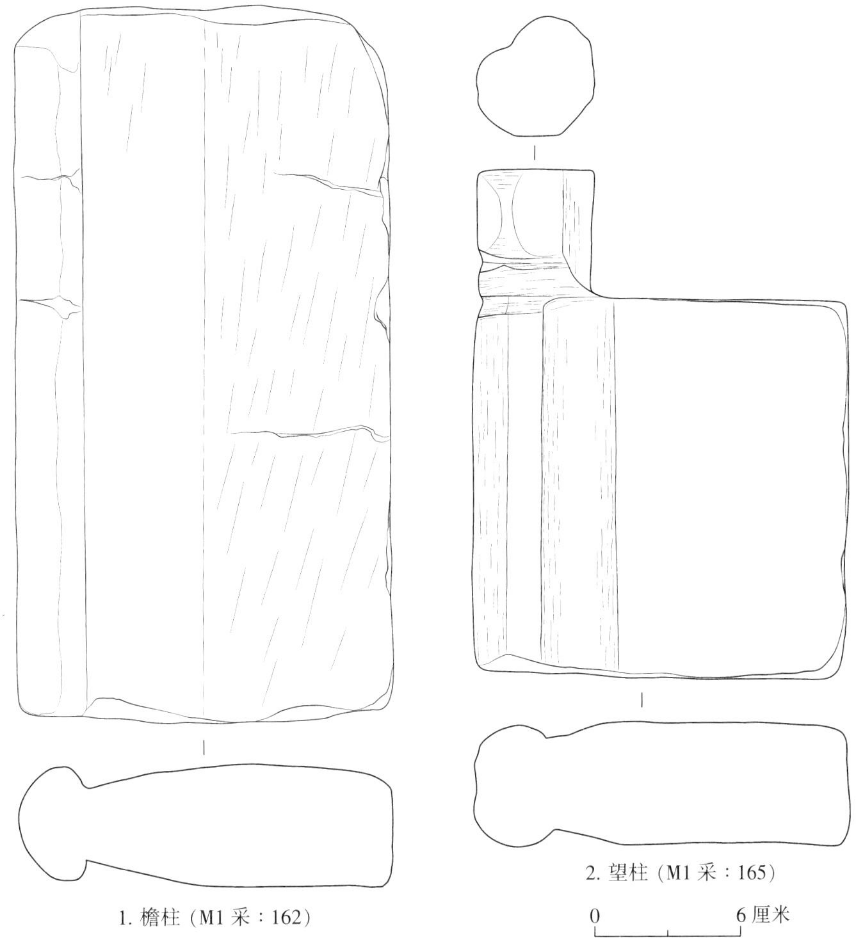

图 2-12 M1 采集其他建筑构件

M1 采：165，望柱。残高 19.5 厘米。（图 2-12：2；彩版四六：7）

M1 采：166，瓦垄组合。残宽 18.3 厘米。（图 2-13：1；彩版四七：1）

M1 采：167，瓦垄组合。残宽 19 厘米。（图 2-13：2；彩版四七：2）

M1 采：168，瓦垄组合。残宽 18 厘米。（图 2-13：3；彩版四七：3）

M1 采：169，瓦垄组合。残宽 8.5 厘米。（彩版四八：1）

M1 采：170，瓦垄组合。残宽 10.5 厘米。（彩版四八：2）

M1 采：171，瓦垄组合。残宽 7.5 厘米。（彩版四八：3）

M1 采：172，瓦垄组合。残宽 14.5 厘米。（彩版四八：4）

M1 采：173，瓦垄组合。残宽 10 厘米。（彩版四八：5）

M1 采：174，瓦垄组合。残宽 18.5 厘米。（图 2-13：4；彩版四九：1）

M1 采：175，瓦垄组合。残宽 19 厘米。（彩版四九：2）

M1 采：176，瓦垄组合。残宽 13.5 厘米。（彩版四九：3）

M1 采：177，瓦垄组合。残宽 11.5 厘米。（彩版五〇：1）

M1 采：178，瓦垄组合。残宽 13.5 厘米。（彩版五〇：2）

M1 采：179，瓦垄组合。残宽 13 厘米。（彩版五〇：3）

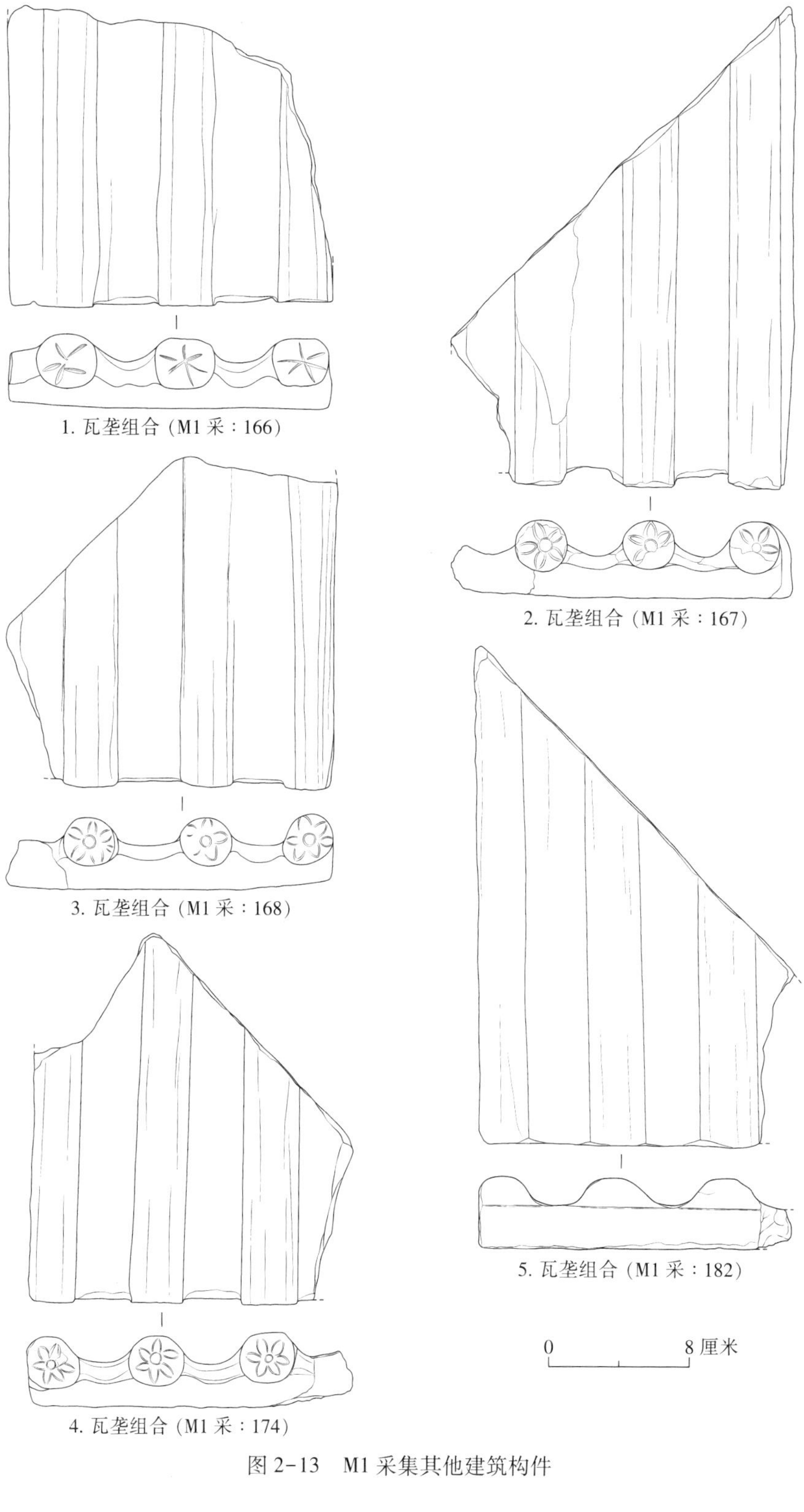

1. 瓦垄组合（M1采：166）

2. 瓦垄组合（M1采：167）

3. 瓦垄组合（M1采：168）

4. 瓦垄组合（M1采：174）

5. 瓦垄组合（M1采：182）

图2-13　M1采集其他建筑构件

M1采：180，瓦垄组合。残宽7厘米。（彩版五〇：4）

M1采：181，瓦垄组合。残宽7.3厘米。（彩版五〇：5）

M1采：182，瓦垄组合。残宽17.5厘米。（图2-13：5；彩版五一：1）

M1采：183，瓦垄组合。残宽11厘米。（彩版五一：2）

M1 采：184，格子门。残宽 24.8 厘米。（图 2-14：1；彩版五一：3）

M1 采：185，勾栏。长 29、宽 14.3、厚 5 厘米 。（图 2-14：2；彩版五一：4）

M1 采：186，勾栏。残长 28 厘米。（图 2-14：3；彩版五一：5）

M1 采：187，勾栏。残长 28.5 厘米。（图 2-14：4；彩版五二：1）

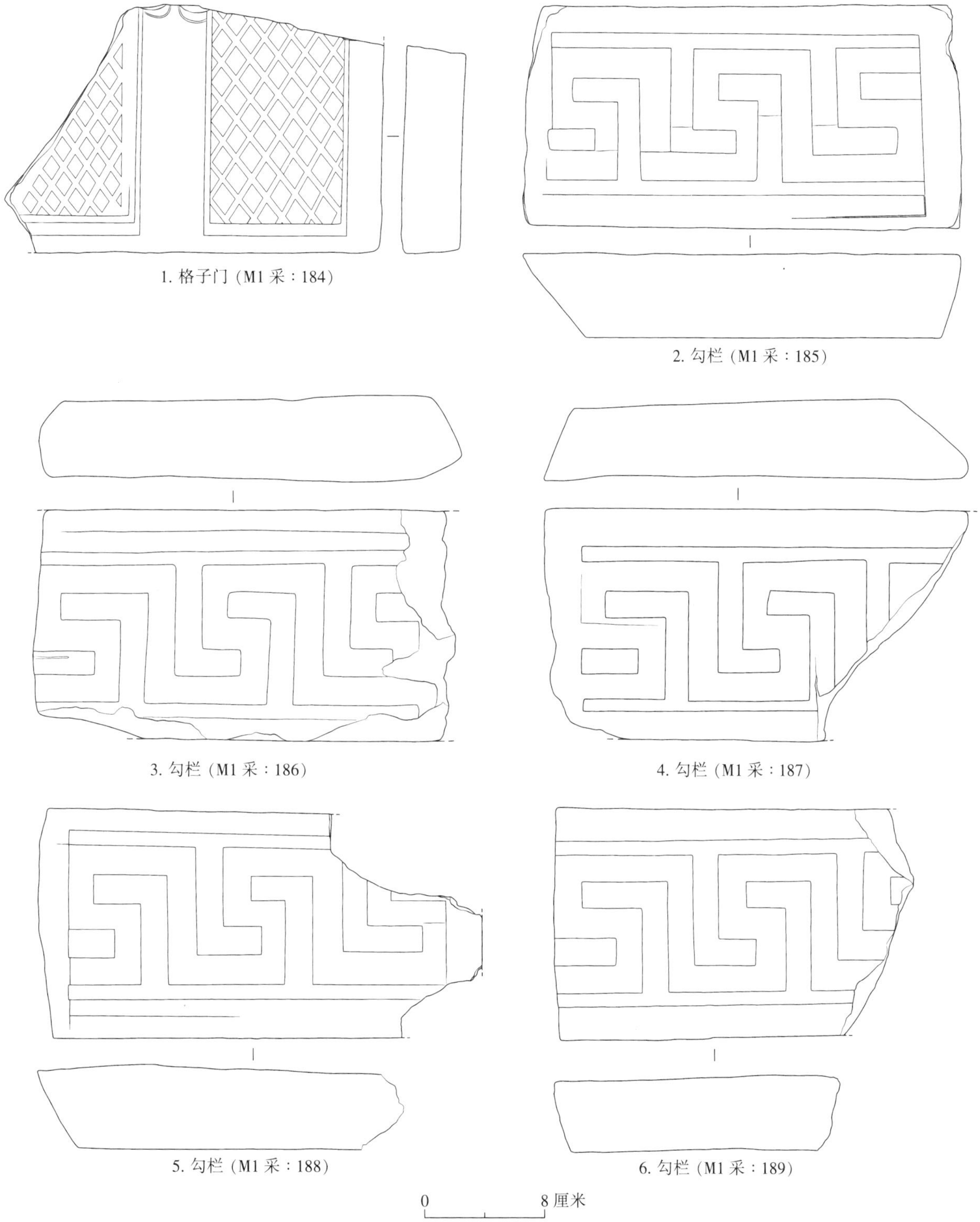

图 2-14 M1 采集其他建筑构件

图 2-15　M1 采集其他建筑构件

M1 采：188，勾栏。残长 29.5 厘米。（图 2-14：5；彩版五二：2）

M1 采：189，勾栏。残长 23.5 厘米。（图 2-14：6；彩版五二：3）

M1 采：190，勾栏。残长 15.2 厘米。（图 2-15：1；彩版五二：4）

M1 采：191，勾栏。残长 9.5 厘米。（图 2-15：2；彩版五二：5）

M1 采：192，勾栏。残长 21.5 厘米。（图 2-15：3；彩版五二：6）

M1 采：193，勾栏。残长 19.5 厘米。（图 2-15：4；彩版五三：1）

M1 采：194，勾栏。残长 20.5 厘米。（图 2-16：1；彩版五三：2）

M1 采：195，勾栏。残长 9 厘米。（彩版五三：3）

M1 采：196，勾栏。残长 11 厘米。（图 2-16：2；彩版五三：4）

M1 采：197，格子门。残高 9.5 厘米。（图 2-16：3；彩版五三：5）

M1 采：198，勾栏。残长 12 厘米。（彩版五三：6）

M1 采：212，瓦垄组合。残宽 23 厘米。（彩版五四：1）

M1 采：213，勾栏。残长 26 厘米。（彩版五四：2）

M1 采：214，石构件。红砂岩质。残宽 23.5 厘米。（彩版五四：3）

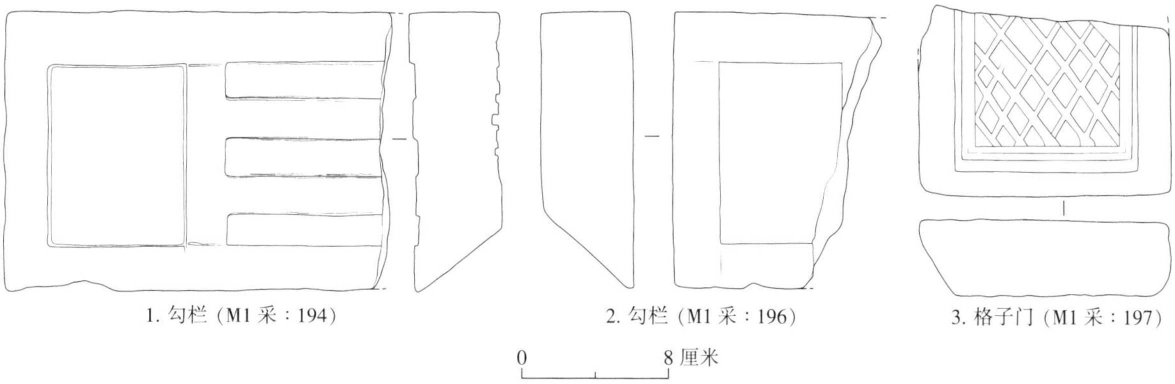

1. 勾栏（M1 采：194）　2. 勾栏（M1 采：196）　3. 格子门（M1 采：197）

图 2-16　M1 采集其他建筑构件

墓葬用砖

宋代砖有 4 种规格：第一种长 25.5、宽 8.5、厚 5 厘米；第二种长 25、宽 10.6、厚 5 厘米；第三种长 22.6、宽 5.5、厚 3.5 厘米，如 M1 采：199（图 2-17：1；彩版五五：1）；第四种长 23.3、宽 5.7、厚 3 厘米，如 M1 采：200（图 2-17：2；彩版五五：2）。

明代砖长 26、宽 12.5、厚 5.6 厘米。

1. 宋代砖（M1 采：199）　2. 宋代砖（M1 采：200）

图 2-17　M1 采集墓葬用砖

二　M4

M4 位于家族墓地最北端，封土无存，墓室、环墉破坏严重。

墓葬营建时先挖岩坑，岩坑总深 620 厘米，环墉处直径 570、深 510 厘米。系双穴并列的石椁石板盖顶墓室，赵洙居左（右室），妻陆氏居右（左室）。（图 2-18；彩版五六、五七）

环墉砖砌，宽 110 厘米。墓室前砖铺地面，砖砌墓道，墓道残长 140、宽 220 厘米。（彩版五八：1）

赵洙墓室侧板、端板用整块石材，铺底石板共 4 块，墓室长 214、宽 78、深 84 厘米。随葬品被盗，仅在墓室填土中发现“赵洙印章”铜印 1 枚。陆氏墓室石材较赵洙墓室差，营建粗糙，墓室长 211、宽 80、深 84 厘米。两墓室底部各留一个方形出水孔，边长 22 厘米。墓室早年被盗，盖板均被掀开，墓室外侧各有一个耳室器物坑未遭盗掘。赵洙墓耳室器物坑出土石墓志 1 方，玉环 1 枚。陆氏墓耳室器物坑出土石墓志 1 方，韩瓶 2 件，瓷盒、瓷罐各 1 件。（彩版五八：2、五九、六〇）

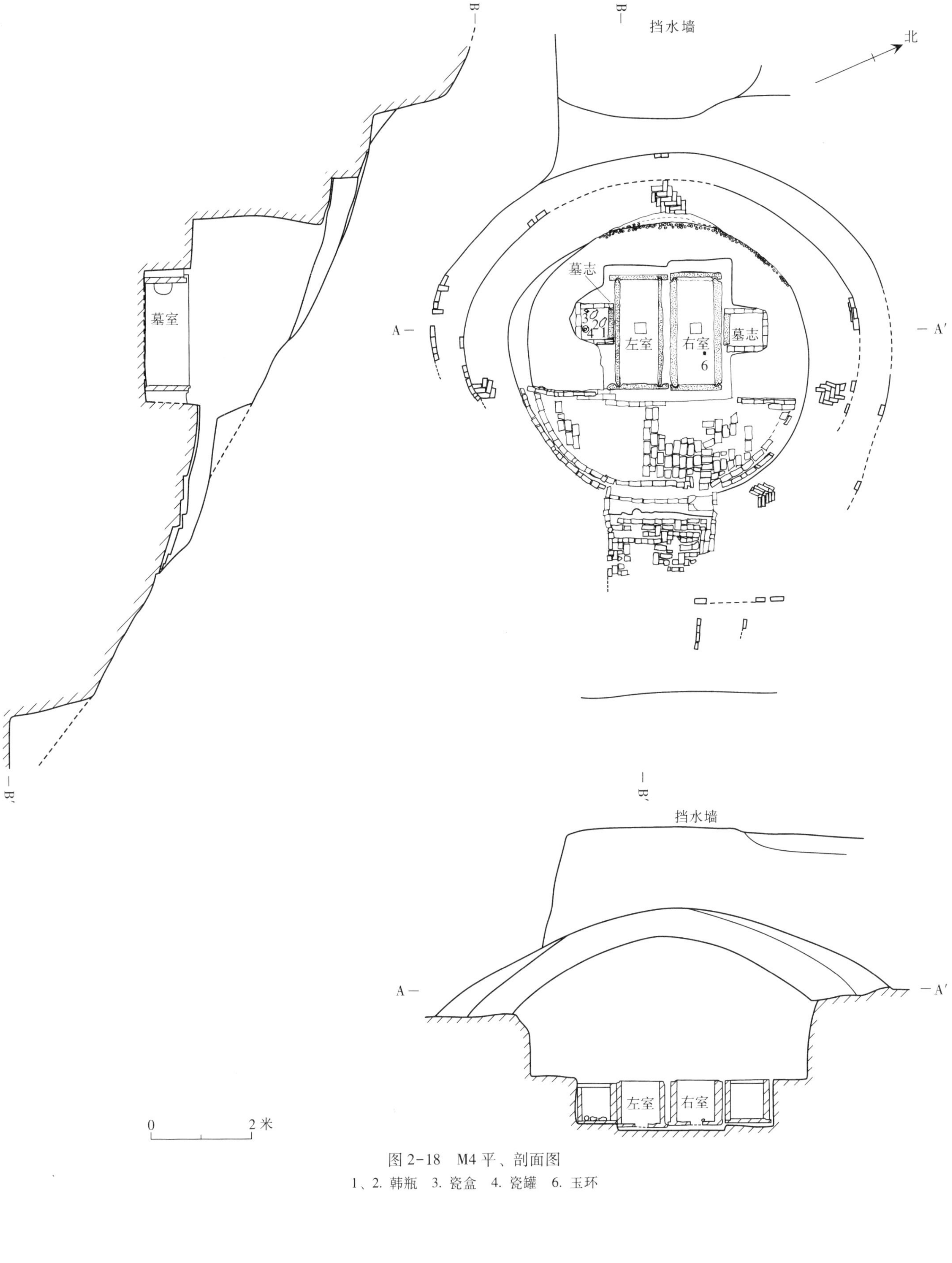

图 2-18 M4 平、剖面图

1、2. 韩瓶 3. 瓷盒 4. 瓷罐 6. 玉环

出土遗物

韩瓶　2件。

M4：1，平口，圆唇，束颈，腹部稍鼓，平底微凹。灰白胎，青釉已剥落。口径5.2、腹径11、底径4.8、高25厘米。（图2-19：1；彩版六一：1）

M4：2，平口，圆唇，束径，腹部稍鼓，平底微凹。灰白胎，青釉已剥落。口径5.2、腹径10、底径5.1、高24厘米。（图2-19：2；彩版六一：2）

瓷盒　1件。

M4：3，子母口，平底。灰胎。直径7、通高6.9厘米。（图2-19：3；彩版六二：1）

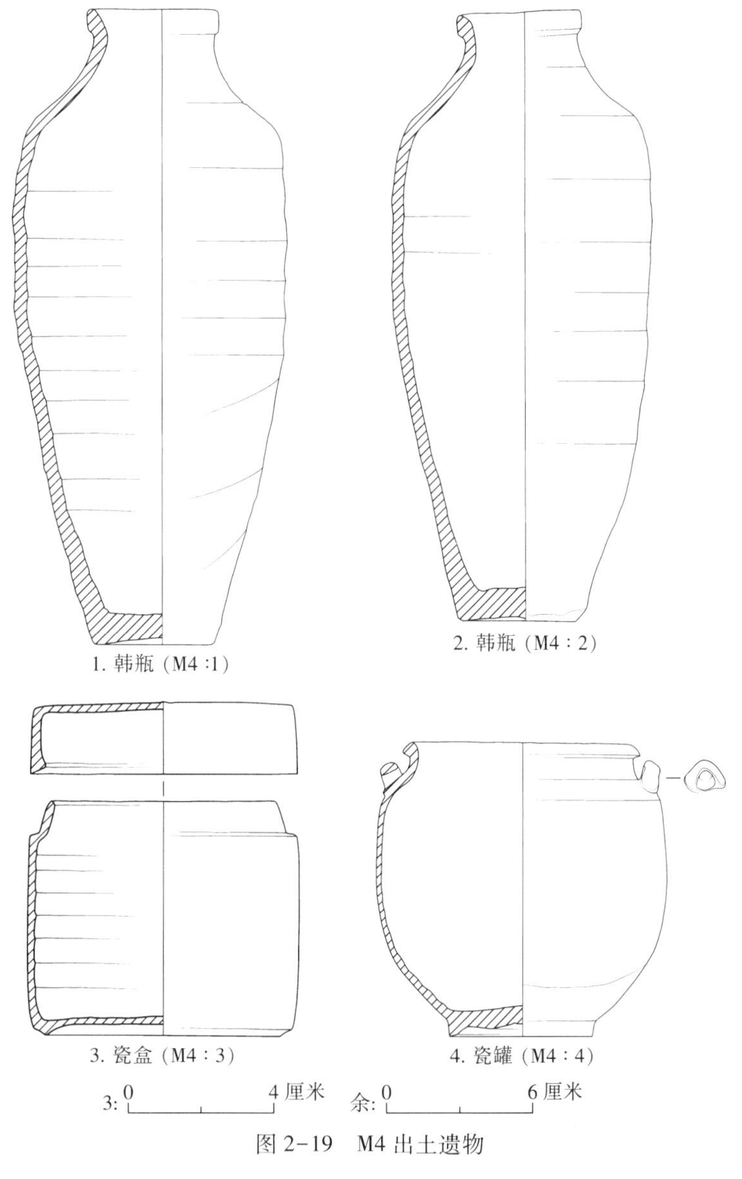

图2-19　M4出土遗物

瓷罐 1件。

M4：4，平口，尖唇，斜肩上有双耳，鼓腹，圈足。灰白胎，青釉已剥落。口径9.6、腹径12、底径5.9、高11.2厘米。（图2-19：4；彩版六二：2）

印章 1枚。

M4：5，青铜质。方形，上端为圆形纽。印面阳文篆体“赵洙印章”四字。底边长2.4、高2.4厘米。（图2-20；彩版六二：3）

图2-20 M4出土印章（M4：5）拓片

玉环 1件。

M4：6，圆形，环上有一小孔。乳白色。外径2.2、内径1.2、厚0.2厘米。（彩版六二：4）

墓志 2方。

M4：7，赵洙墓志。青石质地，已断裂。长80、宽64、厚12厘米。正面铭文17行，共297字，楷书。（图2-21；彩版六三）

墓志录文如下：

君讳洙，字鲁望，解州闻喜人。曾祖友直，祖玘，累赠太师，追封中国秦国公。曾祖母牛氏，祖母李氏、樊氏，累赠秦国夫人。考鼎，故任特进观文殿大学士。母宋氏，赠秦国夫人。君生于大观三年春二月十有二日。弟曰汾、曰渭。君以丞相任签书枢密，遇明堂恩补承奉郎，奉祝融香火。复以丞相监修实录，书成，锡六品服。逮丞相帅会稽，乃居机；幕年，劳迁承事郎。再任衡岳，未及瓜。绍兴庚申仲秋上浣，以疾卒于四明，藁葬于慈溪县之僧舍，享年三十有一。君娶同郡陆承议几先之长女，后君二十年而卒。长女归右文林郎新镇江府观察推官青社朱榘。仲子益，右承奉郎，监行在太平惠民和剂局。季子谥，右承务郎，监镇江府户部大军仓。辛巳之冬十有二月己巳朔初四日壬寅，与先妣孺人合葬于祖茔之左。孤哀子谥泣血谨志。婿矩书讳。建安叶毅上葬。徐世昌与男邦显刊。

M4：8，赵洙妻陆氏墓志。青石质地。长74、宽58、厚12厘米。正面铭文16行，共304字，楷书。（图2-22；彩版六四）

墓志录文如下：

宋故右承事郎、浙东安抚大使司书写机宜文字、锡绯鱼袋赵洙妻陆氏孺人，解州人，右承议郎、主管南外宗室财用几先之长女，大丞相大观文鼎之冢妇。政和三年癸巳四月二十日生，未笄而适，正顺之德，表于闺闱。以丞相遇明堂恩授今封，年二十有八，机宜公下世，华色未衰，即去铅泽，克全贞节终，抚其孤。绍兴庚辰八月之朔，以疾卒于福州候官县南报恩寺之寓舍，享年四十有八。乌乎！造物茫昧，乃复不寿。长女一，先孺人七年卒，适青社朱氏，婿曰矩，右文林郎新镇江府观察推官子。男二人：益，右承奉郎，监行在太平惠民和剂局；谥，右承务郎，监镇江府户部大军仓。以丞相松槚于衢州常山县定阳乡石门山之原，其哀益，谥自闽扶柩至止，复之四明属邑。启机宜公之殡以归，乃合葬于左隅，盖遵丞相之遗训也。时绍兴三十一年岁次辛巳十有二月四日壬寅。志刻者徐世昌。

三 M3

毗邻 M4，破坏严重，封土无存。墓室未遭盗掘，砖室石板盖顶上加砖砌拱券保护顶。

建墓先挖圆形岩坑，再在岩石上开挖墓坑，岩坑直径 640、深 300 厘米，墓坑深 165 厘米。砖砌拱券保护顶，共 9 排，每排 15 砖。砖室石板盖顶。墓室长 270、宽 102、深 76 厘米。墓室后端设有壁龛，龛内置陶盏、陶罐、瓷碗、铁券各 1 件，铁券文字无法辨认。此外出土数枚严重锈蚀的铜钱，有“元祐通宝”等。(图 2-23；彩版六五、六六、六七)

根据赵鼎墓（M1）、赵洙及妻陆氏合葬墓（M4）出土墓志和相关文献，推断 M3 为赵鼎第三子赵渭墓。

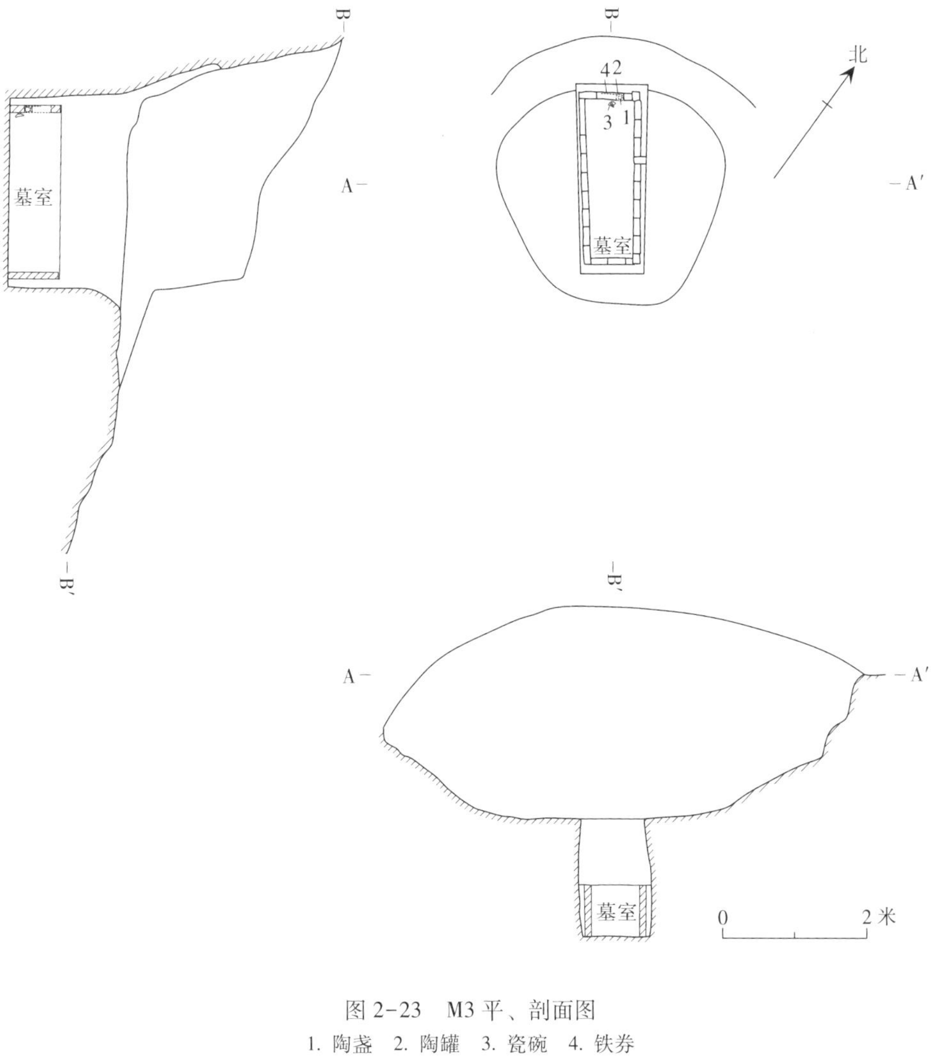

图 2-23 M3 平、剖面图
1. 陶盏 2. 陶罐 3. 瓷碗 4. 铁券

出土遗物

陶盏 1件。位于壁龛内，放在陶罐上。

M3：1，夹砂红褐陶。敞口，斜腹，平底。口径8.9、底径4、高2.5厘米。（图2-24：2；彩版六八：1）

陶罐 1件。位于壁龛内。

M3：2，夹砂红褐陶。口微侈，带流，直颈，鼓腹，圈足。口径9.2、腹径11.8、底径5.7、高11.2厘米。（图2-24：1；彩版六八：2）

瓷碗 1件。位于壁龛下方。

M3：3，已残。敞口，斜腹，圈足。青釉。口径16.9、底径8.4、高5.6厘米。（图2-24：3；彩版六八：3）

铁券 1件。位于壁龛内，锈蚀严重。

M3：4，方形。文字无法辨认。边长27、厚0.4厘米。（彩版六八：4）

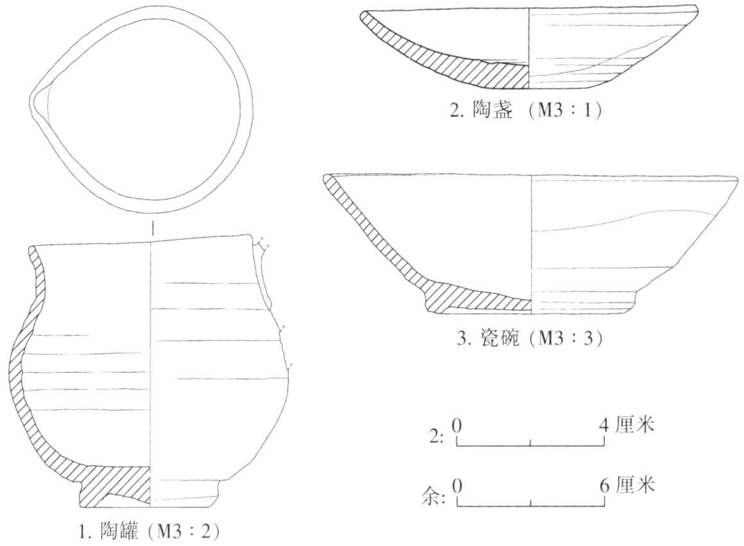

图2-24 M4出土遗物

四 M2

邻近M3，墓室结构毁坏殆尽，仅剩基岩坑。

墓葬营建时先挖圆形岩坑，再挖墓坑，岩坑直径660、深300厘米，墓坑长300、宽120、深120厘米。墓前残存块石铺砌墓道，残长500、残宽300厘米。（图2-25；彩版六九、七〇）

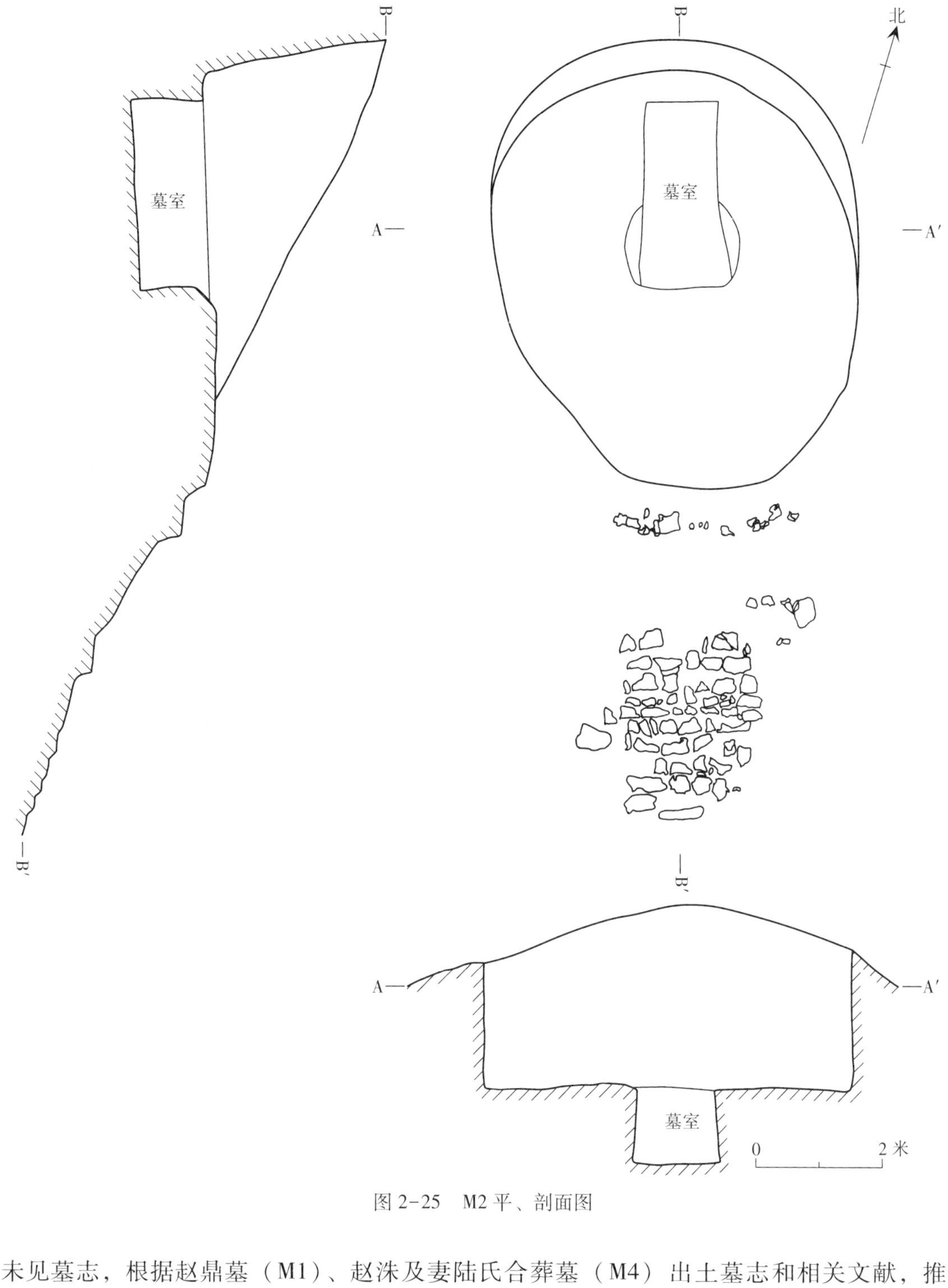

图 2-25 M2 平、剖面图

未见墓志，根据赵鼎墓（M1）、赵洙及妻陆氏合葬墓（M4）出土墓志和相关文献，推断 M2 为赵鼎次子赵汾墓。

未发现出土器物或建筑构件。

第三章　相关问题讨论

（一）墓主身份和墓葬年代

根据M1墓志内容，可知墓主是被称为“中兴贤相之首”的赵鼎。赵鼎有三子三女，三子为长子赵洙、次子赵汾、幼子赵渭，三女中长女嫁陈留李镇、次女嫁范仲彪、幼女嫁范仲岐。M4的铜质印章和墓志信息，则印证了墓主为赵洙夫妇。据此，可判断该墓地为赵鼎家族墓，位于赵鼎墓（M1）和赵洙夫妇墓（M4）之间的M2、M3当为赵汾墓、赵渭墓。

根据墓志信息，赵鼎于绍兴十七年（1147）八月十二日死于吉阳军（今属海南），遗命令葬于衢州常山县。绍兴十八年（1148）二月二十二日得旨归葬。绍兴十九年（1149）正月初三日，次子赵汾扶柩至常山县永年寺。绍兴二十年（1150）十一月三十日葬于常山县定阳乡三岗石门湖坑社洪家坂。

根据墓志信息，赵洙字鲁望，生于大观三年（1109）二月十二日。绍兴庚申（1140）秋病死于四明（今属余姚），藁葬于慈溪县。妻陆氏，政和三年（1113）四月二十日生，绍兴庚辰（1160）八月之朔（八月初一）病逝于福州侯官县。因为赵鼎墓在常山县定阳乡石门山之故，赵洙二子赵益、赵谧将母亲陆氏灵柩从福州移至石门山，并从慈溪移父亲赵洙之灵柩于绍兴三十一年（1161）十二月四日与陆氏合葬于赵鼎家族墓园。

赵汾生年不详，卒年可根据相关史料推测。《建炎以来系年要录》载：“丙申，……赵汾复右承事郎，特与改正过名。汾还家而卒……”[1] 即赵汾于绍兴二十五年（1155）十二月二十三日丙申复官后返家而终。据此，赵汾应是卒于绍兴二十六年（1156）。

赵渭生年不详，卒年可根据相关资料推测。赵鼎墓志云渭“卒于慈溪县”。《中兴小纪》卷二八引《赵鼎事实》曰：“时鼎连失洙、渭二子，与亲知书曰：‘幼子之病，以某谪温陵，失于医理而死。长子之病，以某谪潮阳，惜于离别而死。’”[2] 温陵即泉州。根据赵鼎墓志，其贬谪在泉州的时间为绍兴己未（1139）二月至庚申（1140）六月。且据朱熹《跋赵忠简公帖》：“赵公初谪潮州时，哭其季子而行。既行，又丧长子。熹家有吕紫微与先君手书，言之犹云‘不知此老力量能堪之否’。此帖云‘今年在贬所，而渭亡适半岁’，则是犹在潮，未过海也。”[3] 绍兴十年

[1]（宋）李心传编撰、胡坤点校：《建炎以来系年要录》卷一七〇“丙申”条，中华书局，2013年，第7册第3247页。

[2]（宋）熊克：《中兴小纪》，福建人民出版社，1985年，第336页。

[3]（宋）朱熹：《晦庵先生朱文公文集》，见（宋）朱熹撰、朱杰人等主编《朱子全书》，上海古籍出版社、安徽教育出版社，2002年，第24册第3937、3938页。

（1140）闰六月二十七日庚子，赵鼎再责清远军节度副使、潮州安置，七月赴潮，自正月至闰六月“适半岁”，故赵渭应是卒于绍兴十年（1140）正月。

（二）赵鼎墓晚期遗迹

墓祠及砖砌墓道上有一层铺砌的鹅卵石，应是明代所修缮。明万历《常山县志》载：“（葬后数百年，分巡按察佥事欧阳哲始访问，而为之记云）予读《宋史》，尝慕公之为人。正统九年，行部衢州，阅郡志，载在常山县北定阳乡石门，询之士民，无有识者。明年，自开化经墓下，邮长偶知之，导予视焉。翁仲石兽俱仆在地，而树木蒙翳，命从者剪除之，乃至其所。墓虽尚存，而砖甓已尽取去矣。邮长告予有二孙在，亟呼视之，俱已孱弱不给，坟山已鬻于邑人徐公远为业，为之恻然。至常山，适衢判朱善在焉，乃命经理之。于是，义民郑景高、徐彦沃等相率僦工，助培其墓，为起翁仲石兽之仆者，伐山取道，规制复完……”[1] 可知到了明正统九年（1444），即赵鼎下葬约300年后，赵鼎在常山的后人已式微至极，墓园衰败，坟山也已为他人所有，衢州知府欧阳哲命常山通判局部修缮了赵鼎墓。此后再无修缮记载，赵鼎墓渐湮没无人所知。史料中明确记载赵鼎墓在明代经过修缮，在墓祠和墓道区域铺砌了鹅卵石。明中晚期，墓园因无人打理而渐荒废。

（三）赵鼎墓确切的位置

赵鼎墓的具体位置自明万历以来就已无法明确，世人仅知赵鼎葬于常山石门。万历年间，担任过湖广佥事的常山名士詹莱特意前往寻访赵鼎墓而无所得，留下《谒墓不获》[2] 一诗。此次考古发掘不仅确定了赵鼎墓之所在，而且发现了其三子的墓葬。

（四）墓志信息

本次发掘中三方墓志的出土，填补了有关赵鼎及其家族的许多重要信息，包括子女数量、子孙情况、仕宦情况、婚娶情况等。如赵鼎长子赵洙，史料无记载，赵洙墓志填补了这一记载空白。又如《三朝北盟会编》引《林泉野记》，曰赵鼎“（绍兴）十七年卒，年六十三，朝野痛之。有子四人”[3]，出土墓志足证其误。再如寺地遵《南宋初期政治史研究》谓赵鼎有一女嫁范仲彪[4]，但根据墓志所载，赵鼎二女分别嫁范冲二子范仲彪与范仲岐。这三方墓志，为研究南宋初年的历史提供了宝贵资料。

---

[1]（明）傅良言修、（明）詹莱纂：万历《常山县志》卷十五，见常山县地方志编纂委员会编《常山旧志集成》，中华书局，2012年，第1册第278、279页。

[2]（明）傅良言修、（明）詹莱纂：万历《常山县志》卷十五，见常山县地方志编纂委员会编《常山旧志集成》，中华书局，2012年，第1册第280页。

[3]（宋）徐梦莘：《三朝北盟会编》卷二一六“炎兴下帙一百十六”，上海古籍出版社，2019年，下册第1554页。

[4]〔日〕寺地遵著，刘静贞、李今芸译：《南宋初期政治史研究》，复旦大学出版社，2017年，第96页。

第四章　赵鼎墓园建筑复原研究

赵鼎家族墓位于浙江省衢州市常山县何家乡长风村文图自然村。墓区发掘前为茶园，地表有数座现代墓，考古发掘共清理出四座宋代墓葬。M1、M4 出土墓志，可知分别为赵鼎墓、赵洙及妻陆氏合葬墓。M2、M3 无墓志，根据墓葬形制和排布位置，推测墓主为赵鼎另外二子赵汾、赵渭。

赵鼎作为南宋初期重要的政治人物，其生平事迹于文献中有详细记载。根据出土墓志，赵鼎于绍兴十七年（1147）卒于贬所，次年得旨归葬衢州常山县。此时赵鼎长子赵洙已去世，由其次子赵汾扶柩，绍兴二十年（1150）安葬于常山，其墓园当修筑于该年。

由于四座墓葬中仅赵鼎墓发现了地表墓园遗迹，因此本文仅就赵鼎墓园进行建筑复原研究。研究方法上，本文采用建筑考古学的研究范式[1]，首先对考古发掘现场的建筑遗迹、遗物进行全面的数字化测绘记录，然后借鉴建筑构件的原构解析法[2]明确赵鼎墓园初建时的建筑面貌，最后按照建筑复原的一般性方法对墓园进行平面、立面复原。关于阙楼的复原前人研究较少，本文通过分析阙台平面和出土仿木建筑构件尺度，提出了初步的复原方案。

（一）墓园环境

墓区位于衢江支流马金溪的一处巨大江湾内，四周群山环绕，村落、人口较少，环境幽静。马金溪从墓区前部流过。墓区背靠的山体挺拔高耸，自西南方向逶迤而来，山体最前端即为墓区。墓区小环境自成一体，为一处密闭性较好的小型盆地，盆地较为狭长，基本呈西南—东北走向，入口位于西南角，进入盆地后地形渐升。四座墓葬位于盆地北半边，其中赵鼎墓单独背靠一座小山，其余三座墓依附另一座小山。盆地南半边山体靠近村落。近年由于修建公路、民房，入口处山体被炸毁较多，但不难推测其原貌。

（二）墓园格局

赵鼎墓园位于墓区入口处，为进入墓区后所见的第一座墓葬。考古发掘揭露了墓园全貌。墓园整体呈西北—东南向，背靠一座小山梁。墓园主体按中轴线排布，自下而上分别为神道、墓祠、墓道、墓室，墓室位于最高处，四角有阙楼。墓园存在后期修缮的迹象，年代当为明中

[1] 徐怡涛：《试论作为建筑遗产保护学术根基的建筑考古学》，《建筑遗产》2018 年第 2 期。

[2] 徐怡涛：《文物建筑形制年代学研究原理与单体建筑断代方法》，见王贵祥主编《中国建筑史论汇刊・第贰辑》，清华大学出版社，2009 年。

期[1]，修缮活动主要集中在墓祠、台阶区域，主要使用了卵石。

明代地坪系在宋代砖铺地坪之上首先垫土，高约 30 厘米，然后在垫土表面铺卵石。明代地坪表面无建筑基础，推测为露天平面。台阶部分亦使用卵石重新铺砌，间或使用砖块，为就地取用宋代铺砖。明代修缮的施工手法整体较为粗率，且以叠压为主，未对宋代墓园各地表建筑物进行大的改动，因而并不影响复原宋代墓园的面貌。

墓园最前部的神道被现代建设完全破坏，具体形式无考，石像生亦无发现。推测神道可能受制于地形无法完全按直线延展，而是沿地势向西南方向的墓区入口处弯折。墓祠保留了后半部地坪，地表的柱础、铺砖、散水、墙基等设施基本完好。

墓祠后部为墓道。墓祠与墓道之间有一小段露天的过渡空间，高于墓祠地坪约 20 厘米，表面用条砖铺就柳叶纹地面，两端各有一个方形砖围树坑。墓道台阶居中的踏步经过后期修缮，高宽不均匀，宋代踏步数量和尺度无考。踏步两侧表土裸露，但局部残余铺砖，推测宋代全部铺砖。

墓室位置最高。地表有石砌须弥座，平面呈圆形。封土居中，推测原为圆丘形。封土以下为石砌单室墓。须弥座外围地表铺砖，形成圆形平面，被环墉包裹在内。环墉立面全部砌砖。环墉上表面铺砖自上向下倾斜。环墉四角有阙楼，顶部两个阙楼保存稍好，可知为子母阙，平面为曲尺形。阙楼周围出土大量陶质仿木建筑构件。自顶部阙楼沿山势向下，直至墓祠后檐，均有砖砌墙体遗迹，将墓祠与后部所有建筑物包围在内，具有较强的封闭性。

（三）建筑构件

阙楼周围出土较多陶质仿木建筑构件，包括斗拱及屋身、屋顶构件等，基本可以拼合成一座完整的小型房屋。限于工作条件，尚无法对此批建筑构件进行系统的拼对与整理。

1. 斗拱构件

分拣出的阙楼斗拱构件较少，制作手法为整体、分层烧造，即同一层位的构件，如华拱、泥道拱、角华拱为一个体块，后部连接扁平方砖。如 M1 采：45（图 4-1：1），当为柱头或补间铺作，该层位上的出跳华拱材高 39 毫米，材宽 25 毫米，材高宽比接近 1.6。又如 M1 采：44（图 4-1：3），为转角铺作，构件细部与 M1 采：45 基本一致，出跳华拱材宽亦为 25 毫米，区别在于材高增加至 47 毫米，且未作出栔的形状，或许为加工误差所致。

关于斗拱的组合方式，从其制作手法来看较为明确，即斗拱主体与阙楼砖体砌筑在一起，以整块烧造的手法代替单体构件的组合交接，同时也减省了上下层位的咬合。斗类构件中见有半身斗，贴附或嵌入砖体，斗口基本不再需要与上层构件相咬合，因而减省斗耳，多平盘斗（图 4-1：2）。斗拱相关尺度见表 4-1。

---

[1]《浙江通志》（文渊阁《四库全书》本）卷二百三十九“欧阳哲赵忠简墓碑”：“予读《宋史》，尝慕公之为人。正统九年，行部衢州，阅郡志，载墓在常山县北定阳乡石门，询之土民，无有识者，明年，自开化经墓下，邮长导予视焉，翁仲石兽俱仆在地，树木蒙翳，命从者翦除之，乃至其所。墓虽尚存，而砖甓人尽取去矣。邮长告余有二孙在，亟呼视之，俱孱弱不给，玟山已属于邑人徐公远为业，为之恻然。至常山，适通判朱善在焉，乃命经理之。培其墓，为起翁仲石兽之仆者，伐山取道，规制宛然，仍复其旧，皆善之力。徐公远已殁，其子普济，亦持券还赵氏。始公南来，尝避地常山永年寺，故遂葬于此，子孙因家焉。公殁仅三百年，而子孙衰微，墓已毁坏如此。因记其事，镜诸墓石，与我同志者庶有考焉。”

1. 柱头铺作（M1采：45）

2. 平盘斗（M1采：1）

3. 转角铺作（M1采：44）

图4-1 斗拱构件

表4-1 赵鼎墓仿木构斗拱形制数据表

构件形制	实测值/毫米	折合分°数	《营造法式》分°数[1]
华拱出跳	62	24	30
泥道拱长	115	44	62
平盘斗总高	37	14	8
栌斗身宽	73	28	32
栌斗总高（无耳）	32	12	12

相较浙江出土的同类构件，赵鼎墓阙楼斗拱构件的制作较为粗糙，整块烧造属于最简化的处理方式。如表4-1所列出的斗拱形制数据，其尺度与《营造法式》相去较远。再如斗拱形制细节，各处拱瓣均为两瓣，除栌斗以外的斗不做斗䫜，等等。

关于铺作次序，现有构件仅能支持四铺作单杪。由于斗拱构件为整块烧造，因而出跳拱头并

[1] 梁思成：《梁思成全集·第七卷》，中国建筑工业出版社，2001年，第81、103页。

无交互斗、令拱等构件与之配合，斗拱整体形象的示意性较大。

2. 屋身构件

在出土建筑构件中，屋身构件主要包括柱础、檐柱、格子门、勾栏四大类。

柱础前端为鼓镜式，后段收窄呈尖头状，平面呈扇形（图 4-2：1）。显示出转角部位的特点。

檐柱构件整体为一块较大的长方形砖块，可分为两部分。如 M1 采：162（图 4-2：2），一侧长边加工为半圆形，为柱身，总高 280 毫米，柱径 25 毫米，柱头无明显的卷杀痕迹；柱身以内主要为砖块，显示出与阙楼砖体砌筑在一起的特点。

格子门残件中较大的 M1 采：184（图 4-2：3）为两扇并列的样式。门扇仅存一半，残宽 248 毫米，无法确知其抹头数和总高。格眼为简单的斜向方格，未作出边桯，仅以简单的刻线表示。

勾栏构件包括望柱和栏板。望柱总体做法与檐柱类似，前段为望柱形状，后部连接砖块。望柱截面呈半六边形，望柱头无装饰，与柱身仅用束腰分隔。如 M1 采：161（图 4-2：2），望柱总高约 200 毫米，柱径 50 毫米。栏板装饰简单几何线条。如 M1 采：186（图 4-2：2），总高约 150 毫米。

1. 柱础（M1 采：9）

2. 檐柱、望柱、勾栏
（从左至右 M1 采：162、161、186）

3. 格子门（M1 采：184）

图 4-2　屋身构件

3. 屋顶构件

阙楼构件中发现了多种脊兽，基本可以确定为单檐歇山顶。正脊兽头有两类，一类为兽头咬住屋脊（图 4-3：1），一类为兽头朝向屋脊之外（图 4-3：2），当为配合子母阙使用。檐角兽头后尾有舌状长条（图 4-3：3）。屋顶瓦垄亦为整体烧造，数道瓦垄为一体，瓦垄表面未作瓦件分隔，呈直线形，无下凹曲线。瓦垄端头截面为圆形，有的为素面，有的刻划星形或莲花形示意瓦当。如 M1 采：168，瓦当直径约 30 毫米，瓦垄间距约 66 毫米（图 4-3：4）。

1. 鸱吻（M1 采：131）

2. 正脊兽头（M1 采：143）

3. 檐角兽头（M1 采：139）

4. 瓦垄组合（M1 采：168）

图 4-3　屋顶构件

（四）墓祠复原

1. 营造尺复原

赵鼎家族墓仅 M1 赵鼎墓存有墓祠。根据墓祠后部残余的柱础石，可以确定该建筑面阔三间；进深仅存一间，故通进深不详。

宋代营造尺长度一般在 300～320 毫米。通过量取赵鼎墓祠各间宽度和通面阔数据进行计算，再根据整尺半尺原则取舍，本文选择最为理想的 310 毫米作为营造尺值。得墓祠当心间面阔 14

尺，次间面阔 8 尺，进深一间 7 尺。则通面阔 30 尺；推测柱网原为 3×3 开间 16 根柱子，通进深不少于 21 尺。

2. 大木作复原

材分°　根据发掘信息，赵鼎墓祠柱础石尺度划一，以东北角为例，其尺度为 476 毫米×535 毫米。参考《营造法式》中柱径约为柱础石边长的 1/2[1]，且厅堂造柱径二材一栔的记载[2]，推测柱径约为 270 毫米，即 36 分°。对应分°值为 7.5 毫米，约合 0.24 寸，小于《营造法式》八等材。

斗拱　根据出檐距离反推斗拱出跳数。以散水外边沿为限，墓祠山面出檐最大值为 1078 毫米，后檐为 1390 毫米。墓祠体量、用材偏小，参考《营造法式》记载，椽径可取小值，即 7 分°[3]，其他尺度数据如表 4-2。在此出檐尺度下，斗拱可出一跳。通过整理阙楼建筑构件，可知其斗拱铺次序为四铺作单杪，以此为下限，墓祠斗拱可作四铺作插昂造，扶壁单拱。

表 4-2　赵鼎墓祠出檐及出跳尺度表

取值类别	取值部位						
	椽径	椽出	飞子出	出一跳	出二跳	一跳总出檐	二跳总出檐
分°数	7			30	60		
实测值/毫米	52.5	682	372	225	450	1279	1504
营造值	1.7 寸	2.2 尺	12 寸				

注：斗拱出跳通常以分°数为计，而非营造值，故空白。

柱梁　墓祠当心间面阔 14 尺，柱高可取 10 尺。关于进深，现存的一间进深 7 尺，前后两柱础石尺度相同，推测此间椽平即为 7 尺。参考《营造法式》椽平不过 6 尺的记载[4]，按墓祠进深四椽，则椽平分别为 7 尺、5 尺、5 尺、7 尺，共计 24 尺。举高参考《营造法式》[5]，前后橑檐枋心距为 225×2+24×310＝7890（毫米），举高为 7890/4×1.08≈2130（毫米）。

3. 屋顶与屋身复原

关于屋顶形式。墓祠后檐散水虽宽于山面，但山面散水做工亦考究。总体来看，墓祠地坪转角做法较为明确，故建筑屋顶以单檐歇山顶为宜。

关于屋身形式。墓祠地坪整体用砖铺就，室内外及散水等主要部位采用不同的铺砖方式，秩序井然。柱础中缝位置的铺砖采用条砖顺砌的形式，宽度与柱础石边长基本相等，显然意在区分室内与室外。基于此，推测屋身为常见的砖质或木质墙壁，厚约 500 毫米。

（五）阙楼复原

赵鼎墓园东北角阙楼保存较好，可以测量获知其平面尺度。母阙平面接近方形，边长 800 毫

[1] 梁思成：《梁思成全集・第七卷》，中国建筑工业出版社，2001 年，第 48 页。
[2] 梁思成：《梁思成全集・第七卷》，中国建筑工业出版社，2001 年，第 135、136 页。
[3] 梁思成：《梁思成全集・第七卷》，中国建筑工业出版社，2001 年，第 155 页。
[4] 梁思成：《梁思成全集・第七卷》，中国建筑工业出版社，2001 年，第 155 页。
[5] 梁思成：《梁思成全集・第七卷》，中国建筑工业出版社，2001 年，第 157、158 页。

米。子阙平面为500毫米×700毫米。阙楼墙体可作为阙台高度下限，目前地表残留的墙体高约800毫米。阙楼构件中，柱身高280毫米，勾栏高150毫米，尺度偏小，尤其柱身较为低矮，若柱身与勾栏上下叠置则总高仅430毫米。综合上述信息，将赵鼎墓阙楼的阙台复原高度设定为1米。斗拱层位高度按三层砖块计算，约120毫米。

母阙屋身即通面阔，按轻微收分再加平坐、勾栏层位的挑出距离，可取母阙基础边长800毫米。根据出土的格子门残块，单开间柱心距约480毫米。此残件若原用于母阙外侧居中作当心间，则该立面为三开间，次间壁面暂时留白，各160毫米。

屋顶举高可根据前文确定的开间和进深数值，参考《营造法式》予以测算[1]。母阙进深800毫米，出跳50毫米，则前后橑檐枋心距当在900毫米。举高取大值，即前后橑檐枋心距的1/3，为300毫米。子阙与母阙的交接方式不明，且子母阙斗拱铺作、出跳距离等差异亦不详，因此子阙暂按进深700毫米，从母阙等比例缩放。

关于屋脊做法。出土建筑构件中的两类兽头当为正脊构件，其特征在于一端为兽头、一端为素面砖块。二者区别在于兽头的做法：一种为鸱吻状，兽嘴咬住正脊；一种为垂兽头，面部向外。根据古建筑常识，鸱吻等级应当较高，推测用于母阙正脊，而另一种普通兽头当用于子阙正脊。

（六）结语

通过对建筑遗存的梳理可知，赵鼎墓园原有较大规模的地表建制。除神道及墓祠前半部不存，其余大部分保存较好，后世扰动少。墓园内部分为多级台地，自下而上分布神道、墓祠、封土三个主要建筑单元，格局紧凑。封土外围存在须弥座、环墉、拜坛、阙楼等建筑物。

经复原研究，墓祠为面阔三间的单体小殿，单檐歇山顶，通面阔9.3米，约合宋代30尺，当心间宽大（图4-4~4-6）。大木作用材较小，小于《营造法式》八等材。斗拱采用四铺作插昂造。屋身外檐柱间有门窗与墙体。封土外围的仿木构阙楼为子母阙，总高约1.8米，单檐歇山顶，四铺作单杪斗拱。

赵鼎墓园遗存丰富，保存较好，并且纪年信息与墓主人身份清晰，总体格局与镇江曾布墓园、余姚汪大猷墓园、绍兴兰若寺墓园基本一致，进一步丰富了浙江以及长三角地区宋代墓园的研究基础，是重要的标尺案例（彩版七一、七二）。赵鼎墓阙楼仿木斗拱构件多为整块烧造，不同于曾布、韩杕、兰若寺等墓园出土的单体烧造、组合拼装式的斗拱构件，为目前学界所见首例，代表了不同的技术类型。综上，赵鼎墓园对于研究宋代墓园建筑、家族墓葬、仿木建筑构件等都具有重要的学术意义。

[1] 梁思成：《梁思成全集·第七卷》，中国建筑工业出版社，2001年，第157、158页。

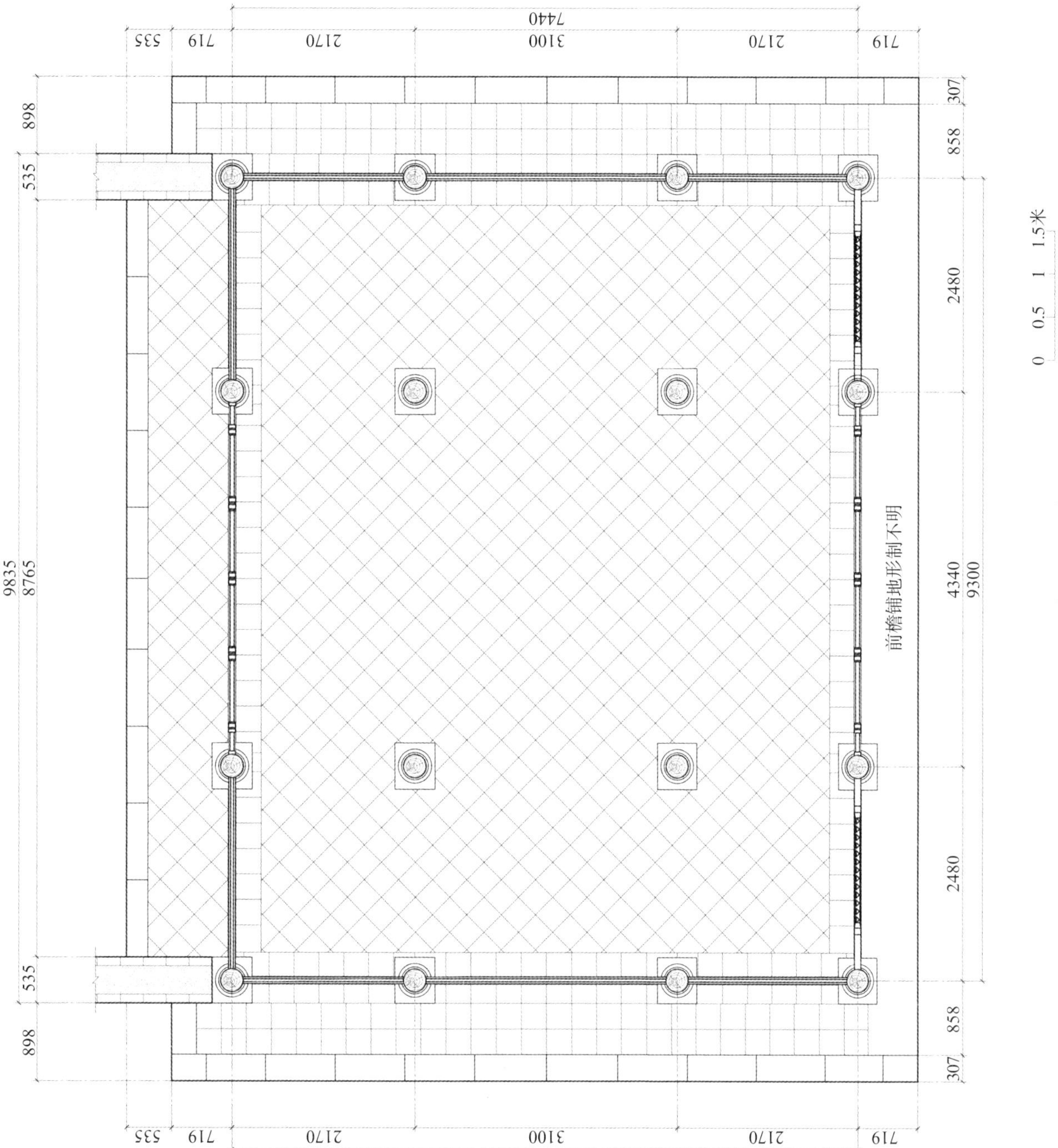

图4-4　赵鼎墓祠平面复原图

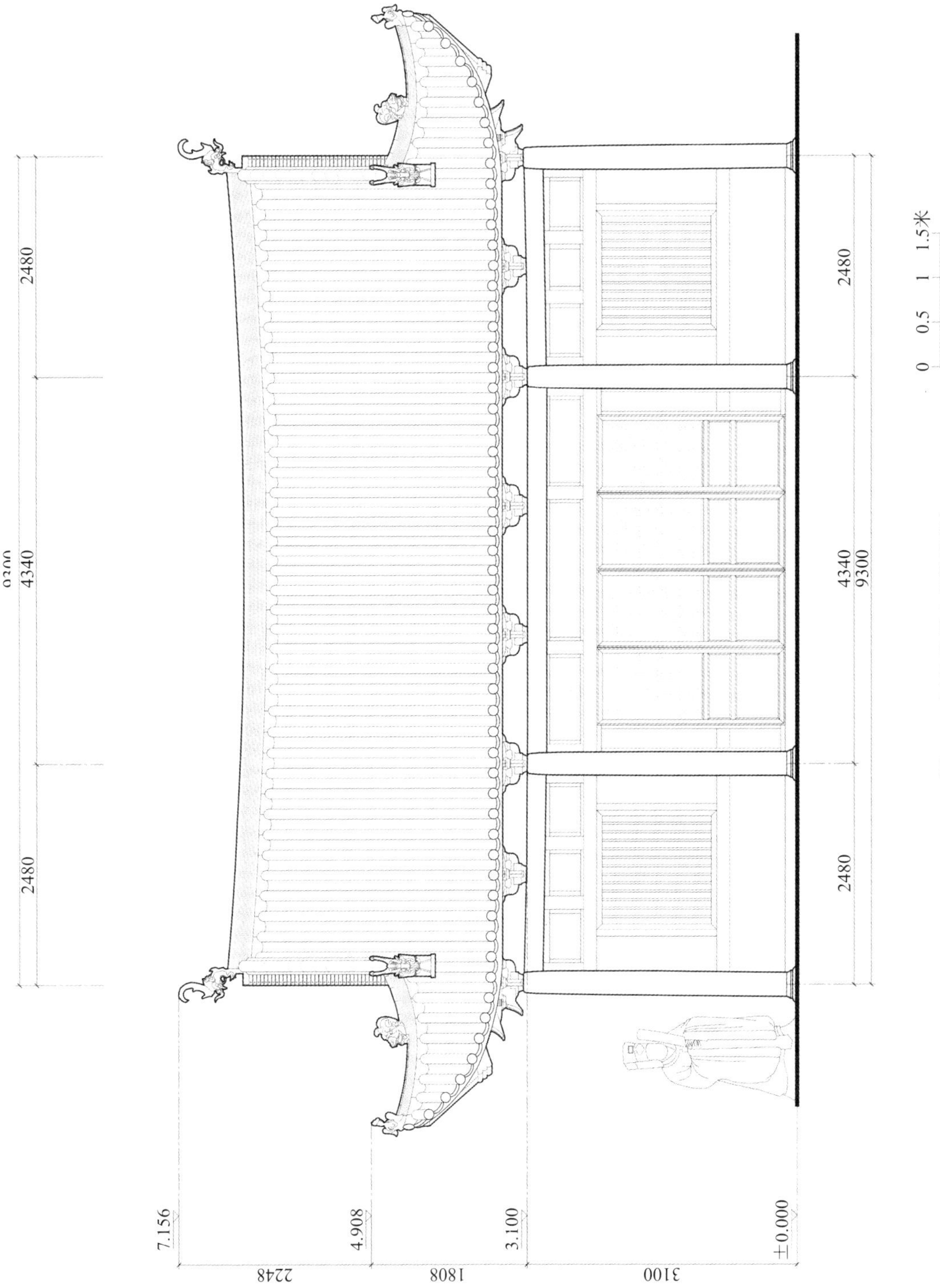

图4-5　赵鼎墓祠立面复原图

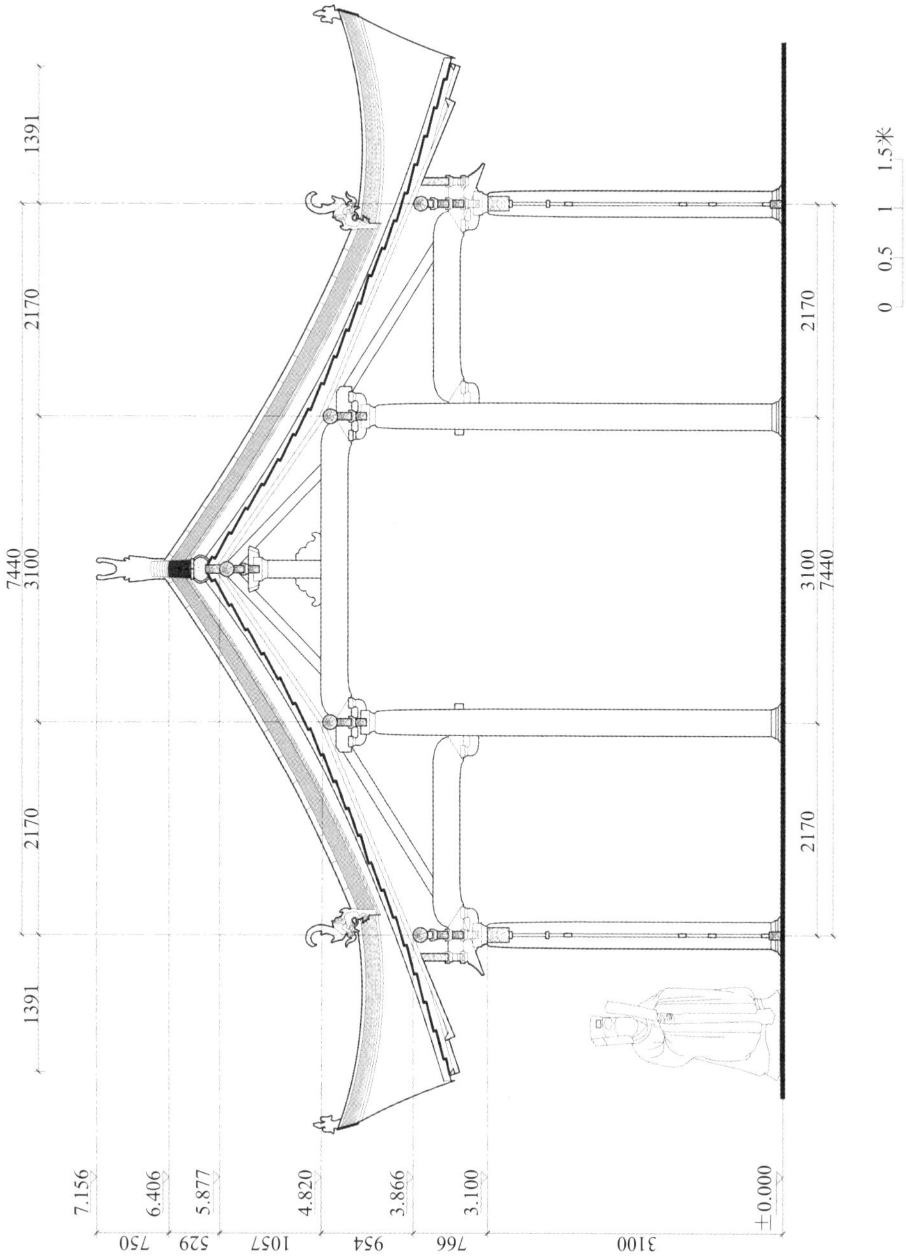

图4-6 赵鼎墓祠横剖面复原图

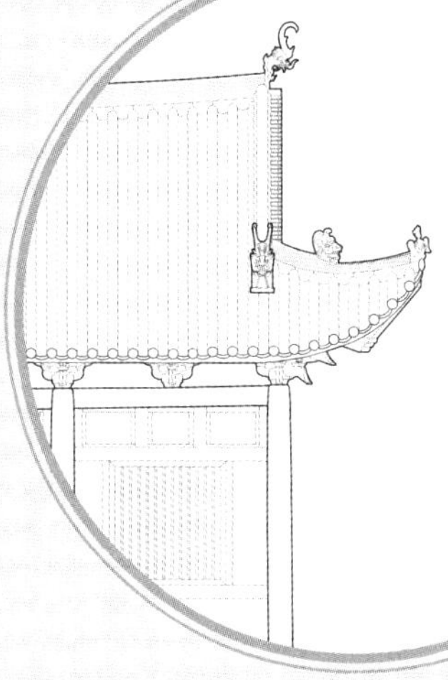

下编

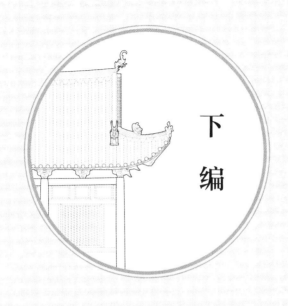

文献研究

第五章　千古高名屹太山[1]

——赵鼎研究学术史回顾

赵鼎是南宋绍兴初年的宰相，被誉为“中兴贤相之首”。自徽宗崇宁五年（1106）登第后，赵鼎沉沦下僚，历任县尉、县丞、户曹、县令、士曹等职，颇知社会积弊沉疴、人民生活疾苦。北宋灭亡后，赵鼎举家仓皇南渡。高宗建炎三年（1129）起，赵鼎历任郎官、台谏官、签书枢密院事、参知政事等职，并于高宗绍兴初两度拜相，展开了其系宋室存亡的政治事业。赵鼎承伊川洛学之脉，推重元祐风尚，敦本务实，勤政恤民，好贤乐善，直言敢谏，凝聚了南宋初期的士气与人心。特别是在与张浚并相期间，他对内集结各类政治势力，逐一平定东南各武装力量，为南宋政权的稳固扎下了可靠的根基；对外则联合各路兵马，两次击退北兵大规模入侵，扭转危局，为南宋初期政权的稳定作出了突出贡献。辛弃疾曾赞赵鼎“佐国元勋，忠简一人”[2]。高宗绍兴八年（1138）十月，赵鼎因和议等事忤高宗之意而被罢相。绍兴九年（1139）起，赵鼎先后被贬泉州、潮州。谪居潮州期间，赵鼎为全身远祸，闭门谢客，不问时事。然秦桧仍衔恨不已，嗾使言官罗织罪名，挟怨陷害。高宗亦不念赵鼎昔日谋国功绩，纵容秦桧肆意迫害。绍兴十五年（1145），六十岁的赵鼎远谪吉阳军（今海南三亚）。绍兴十七年（1147），赵鼎不食而卒。绍兴十八年（1148），赵氏得旨归葬。翌年（1149），赵鼎仲子赵汾扶柩至常山，于次年下葬。绍兴二十六年（1156），朝廷追复赵鼎特进、观文殿大学士。孝宗乾道四年（1168），追谥忠简。孝宗淳熙二年（1175），赠太傅，追封丰国公。淳熙十五年（1188），配享高宗庙庭。《宋史》将宗泽与赵鼎合为一卷，论曰：“夫谋国用兵之道，有及时乘锐而可以立功者，有养威持重而后能有为者，二者之设施不同，其为忠一而已。……泽之易箦也，犹连呼‘渡河’者三；而鼎自题其铭旌，有‘气作山河壮本朝’之语。何二臣之爱君忧国，虽处死生祸变之际，而犹不渝若是！”[3]

赵鼎忠君爱国，清廉正直，在南渡后国步艰难之时追随高宗左右，为南宋初期政权的稳固立下了汗马功劳。然而，高宗仅在秦桧去世的次年追复赵鼎特进、观文殿大学士，后“特与致仕恩泽四名”[4]，其后对赵鼎及其家族再无恩遇。孝宗继位后力主恢复中原，为主战派官员和将领平反，赵鼎得到了朝廷的认可与追崇。孝宗乾道四年（1168）四月，“陈俊卿奏，绍兴初，如赵鼎

[1]　语出（宋）胡铨《哭赵公鼎》：“以身去国故求死，抗疏犯颜今独难。阁下特书三姓在，海南惟见两翁还。一丘孤冢寄琼岛，千古高名屹太山。天地祇因悭一老，中原何日复三关。”见北京大学古文献研究所编《全宋诗》卷一九三二，北京大学出版社，1998年，第34册第21577页。

[2]　（清）厉鹗等：《南宋杂事诗》卷一《沈嘉辙诗一百首》引《宋元通鉴》，浙江古籍出版社，1987年，第22页。

[3]　（元）脱脱等：《宋史》卷三六〇《赵鼎传》，中华书局，1977年，第32册第11295、11296页。

[4]　（宋）李心传编撰、胡坤点校：《建炎以来系年要录》卷一七二，中华书局，2013年，第7册第3296页。

为相，正色立朝，奉公体国，有古大臣之风。为秦桧所忌，贬死瘴乡，至今未曾赠谥，天下冤之。于是下礼部，拟故追复特进、观文殿大学士赵鼎谥曰忠简。辅臣进呈，上曰：'此谥甚称俊卿奏，真所谓正直无邪曰简。'"[1]"忠"即忠贞不渝，"简"为正直无邪，从该谥号足见孝宗对赵鼎的认可。孝宗淳熙二年（1175）九月，"赠故追复特进、观文殿大学士、谥忠简赵鼎为太傅，给还元爵邑，追封丰国公……闰九月，审察故相赵鼎孙韫，上因问赵鼎比吕颐浩何如？参政龚茂良奏，吕颐浩有胆略，缓急之际，能任大事；赵鼎有学问气节，皆名相也。上曰：'太上南渡之初，再造国事，正赖诸人。'"[2]淳熙十五年（1188）三月，孝宗用洪迈议，以吕颐浩、赵鼎、韩世忠、张俊四人配享高宗庙庭[3]。理宗宝庆二年（1226）三月，赵鼎的绘像被悬挂在昭勋崇德阁中[4]，与赵普、司马光等名臣并列，获得至高的荣誉。

朱熹堪称宋代最渊博的学者，他对赵鼎的评价主要集中于《朱子语类》一书。朱熹肯定了赵鼎推崇洛学的贡献，同时指出赵鼎不加辨别严守元祐立场的做法失之偏颇[5]。在肯定赵鼎任相功绩的同时，朱熹将其与张浚对比，认为赵鼎处事比张浚周到，但是在和议问题上"大义不甚分明"[6]。朱熹认为迁都临安出自赵鼎的极力谋划，这对后来的南宋政局产生了深远影响，南宋自此不复进取，甚至对赵鼎作出了"为大臣谋国一至于此，……为大可恨"[7]的评价。这些看法也影响了后世对赵鼎的评价。

元、明、清时期，官方主流思想彻底否定王安石变法、荆公新学及其支持者。如元人修宋史的时候，以王安石为首的变法派成员大多被列入《宋史·奸臣传》，而赵鼎及其支持者大多深受推崇。如《宋史·吕本中传》云："《传》有之：'不有君子，其何能国。'绍兴之世，吕颐浩、秦桧在相位，虽有君子，岂得尽其志，宋之不能图复中原，虽曰天命，岂非人事乎？若常同、张致远、薛徽言、陈渊、魏矼、潘良贵、吕本中，其才猷皆可以经邦，其风节皆可以厉世，然皆论议不合，奉祠去国，可为永慨矣。"[8]明代的张丑认为："宋高宗南渡之初，其宰执之贤者，曰李忠定公、曰赵忠简公为最，曰张忠献公亚之，曰吕忠穆公、曰李庄简公又亚之。尝考五公之平生，皆有志于复仇，皆不主于和议，而愿以忠义徇其身者也。"[9]明代的吴宽也认为："其号为君子者，当以李忠定为首，张忠献、赵忠简次之，而李参政光、吕太保颐浩辈又次之。"[10]《御制诗集》的编者以为，南宋初，外有大将岳飞、张浚等浴血奋战、保卫初生政权，内有宰相李纲、赵鼎等积极谋划、筹措经理，才能使南宋支撑半壁江山："至高宗初时，信用汪伯彦、黄潜善，后则

---

[1]（宋）徐自明撰、王瑞来校补：《宋宰辅编年录校补》卷一六《绍兴二十六年》，中华书局，1986年，第3册第1117页。

[2]（宋）徐自明撰、王瑞来校补：《宋宰辅编年录校补》卷一六《绍兴二十六年》，中华书局，1986年，第3册第1118页。

[3]（元）脱脱等：《宋史》卷三五《孝宗纪三》，中华书局，1977年，第3册第689页。

[4]（清）徐乾学：《资治通鉴后编》，景印文渊阁《四库全书》本，台湾商务印书馆，1984年，第344册第637页。

[5]（宋）黎靖德：《朱子语类》卷一三一《本朝五·中兴至今日人物上》，见（宋）朱熹撰、朱杰人等主编《朱子全书》，上海古籍出版社、安徽教育出版社，2002年，第18册第4093页。

[6]（宋）黎靖德：《朱子语类》卷一三一《本朝五·中兴至今日人物上》，见（宋）朱熹撰、朱杰人等主编《朱子全书》，上海古籍出版社、安徽教育出版社，2002年，第18册第4089页。

[7]（宋）黎靖德：《朱子语类》卷一二七《本朝一·高宗朝》，见（宋）朱熹撰、朱杰人等主编《朱子全书》，上海古籍出版社、安徽教育出版社，2002年，第18册第3981页。

[8]（元）脱脱等：《宋史》卷三七六《吕本中传》，中华书局，1977年，第33册第11637、11638页。

[9]（明）张丑：《清河书画舫》卷五下《赵忠简公真迹》，景印文渊阁《四库全书》本，台湾商务印书馆，1985年，第817册第198页。

[10]（明）吴宽：《家藏集》卷四八《跋宋中兴名臣手帖》，景印文渊阁《四库全书》本，台湾商务印书馆，1985年，第1255册第439页。

专任秦桧，皆赞和议，以售其奸邪。然彼时内有李纲、赵鼎诸人，悫诚谋国，外有岳飞、张浚、韩世忠诸将，慷慨抒忠，虽黑白混淆，忠良诛贬，然始终不乏正人，故尚可支撑半壁。”[1] 黄宗羲、全祖望在《宋元学案》中云：“先生汲引善类，惟恐不及，若胡寅、魏矼、晏敦复、潘良贵、吕本中、张致远辈数十人，分布朝列，称有知人之明。顾竟为桧所欺，斥逐流离，赍志以殁，论者惜之。”[2] 四库馆臣在编纂《忠正德文集》时，称赵鼎“南渡名臣，屹然重望，气节学术，彪炳史书”[3]。清道光年间，潘锡恩辑历代爱国志士诗文为《乾坤正气集》，其中收录十四名宋人，包括赵鼎的诗文，这些人无一有主和、投降之嫌，足见潘氏对赵鼎的认同。

20世纪70年代末以来，越来越多的学者开始关注赵鼎，并对其进行了不同角度的探讨与研究，主要集中在赵鼎的政治活动、与赵鼎相关的政治学术群体、赵鼎生平及其家族、赵鼎的文学创作等方面。

从史学角度出发的研究中，学者们对赵鼎评价的主要依据是他对和议的态度。推崇赵鼎为贤相者多认为赵鼎是主战派，如曾小华、黄繁光、刘子健等。

曾小华《评宋金战争中的赵鼎》[4] 应是目前可搜集到的论文中最早对赵鼎持正面评价的。文章将赵鼎与李纲、宗泽并列，认为赵鼎第一次拜相期间运筹帷幄，力挽狂澜，重用抗战派，在几次重大战役中获取全胜，使军民抗金士气大振，稳固了南宋政权的统治，为收复中原奠定了基础。文章还分析了赵鼎与张浚、秦桧的关系，并作“赵鼎议和辩”，认为议和出自高宗意愿，赵鼎只是例行公事而已。总体而言，赵鼎是一个虽在政治上有弱点，但在宋金战争的复杂历史环境中立下过赫赫功劳的历史人物。

黄繁光对赵鼎非常推崇，其《赵鼎与宋室南渡政局的关系》[5] 一文研究了赵鼎的仕宦经历，总结了赵鼎的仕宦风格，即崇尚实务，束吏爱民，勤政俭约；着意人才，待人温和，处事稳健；推崇伊川之学，偏袒旧党人士，厌恶变法纷更。文章探讨了绍兴四年（1134）秋冬赵鼎主持淮西之役的成功，研究了赵鼎的防江策略及其“培本固源”的安靖政策，阐述了绍兴八年（1138）赵鼎的议和立场及此后赵鼎的遭遇。文章认为赵鼎主张定都临安、实施防江战略及安抚诸大将、调和君臣关系等策略皆出于其“培本固源”的政治思想。赵鼎为南渡的宋室扎下根基作出了不可磨灭的贡献，但也有退缩保守和缺乏积极锐进作为的倾向。《南宋初年赵鼎的执政特色及其与诸大将的关系》[6] 一文简述了赵鼎的生平、仕宦经历及执政特色，认为赵鼎推重元祐，崇尚洛学，严别君子小人；强调轻徭薄赋、与民休息的政策，但在战时财政体制的需求下亦要敛财于民；战时能调和各方歧见一致对外，平时能拉拢江南人士稳住半壁江山。文章分析了赵鼎在绍兴四年（1134）和绍兴六年（1136）两次战役中的表现，认为他在绍兴四年（1134）的秋冬之役中鼓舞士气奋力

[1]（清）爱新觉罗·弘历：《御制诗集》四集卷四九《明福王》，见《乾隆御制诗文全集》，中国人民大学出版社，2013年，第7册第71页。

[2]（清）黄宗羲原著，（清）全祖望补修，陈金生、梁连华点校：《宋元学案》卷四四《赵张诸儒学案》，中华书局，1986年，第2册第1414页。

[3]（清）永瑢等：《钦定四库全书总目》卷一五六《集部·别集类九》，景印文渊阁《四库全书》本，台湾商务印书馆，1983年，第4册第187页。

[4] 曾小华：《评宋金战争中的赵鼎》，《河南大学学报（哲学社会科学版）》1990年第1期。

[5] 黄繁光：《赵鼎与宋室南渡政局的关系》，见宋史座谈会编《宋史研究集·第二十三辑》，“国立”编译馆，1995年。

[6] 黄繁光：《南宋初年赵鼎的执政特色及其与诸大将的关系》，见龚延明、祖慧主编《岳飞研究·第五辑》，中华书局，2004年。

拒敌并借对外作战提升了高宗的统帅权，而在绍兴六年（1136）的淮西之役中则因作战策略及与张浚为政风格的不同而与张浚交恶。此外，赵鼎反对朝廷急切解除大将的兵权，且努力弥缝大将之间的裂痕，设法增强中央军力。文章还对赵鼎与岳飞的友谊做了探讨。

美籍华人学者刘子健在《中国转向内在——两宋之际的文化转向》[1] 一书第二部分对赵鼎做了个案研究。作者认为赵鼎既有活跃的学术活动，在学者中有影响力，又仕途显赫，对国家有突出贡献，可谓南宋文化转向历史背景下鲜有的道德保守主义知识分子的模范，其谥号“忠简”确切概括了他的一生。赵鼎虽是一个典型的道德保守主义知识分子，但并不是一个坐在书斋里只读圣贤书恪守儒家教条的官僚，他能在一些重要问题上结合实际情况作出融通的判断。赵鼎的观点建立在经典儒家原则基础上，并且提携了许多他认为优秀的儒家学者。在与金和议问题上，赵鼎并不绝对反对和谈，但其所信奉的原则要求他必须仔细衡量谈判条件，这不同于高宗的意图。因此，虽有一片忠心和突出的政绩，但当高宗选择接受屈辱的和平时，赵鼎却蒙受不实之词的攻击，最终被流放荒岛，“成了祭坛上的牺牲品”。

方健《赵鼎事迹述评——以绍兴八年为中心》[2] 重点考察了绍兴八年（1138）的历史，认为李心传《建炎以来系年要录》中关于赵鼎的两条重要史料颇有可疑之处。因为秦桧篡改历史，指鹿为马，颠倒黑白，在《高宗日历》中捏造出赵鼎主张、支持和议的假象，所以才使赵鼎被戴上了主守、投降的帽子。此外，语录体的《朱子语类》有失实之处，臧否人物未可尽信。作者以丰富的史料证明赵鼎反对和议的立场始终如一，认为赵鼎是反对和议的中流砥柱和精神领袖，以赵鼎、王庶为代表的爱国官员同秦桧及其党羽的斗争，实际上是爱国和卖国的原则斗争，是坚持抗金和主张投降的大是大非的斗争。作者认为赵鼎可与宗泽、李纲三足鼎立，其南渡名臣、佐国元勋之誉非虚。文中还对赵鼎生平进行了简要回顾，对所谓赵鼎“主守”“主和”“投降”之说做了辨析。

梁亚琼《南宋名相赵鼎仕宦略论》[3] 从赵鼎的仕宦之路、对金政策、罢相原因三方面加以探讨，认为赵鼎在政治上积极作为，建言献策，奠定了南宋的基础；军事上经理筹措，知人善任，建立两淮防线，稳固了南宋政权；外交上坚定抗金立场，坚持维护国家尊严与国土完整。文章指出赵鼎两次罢相的原因不尽相同：第一次罢相的原因是赵鼎与张浚政见不同；第二次罢相的导火索是赵鼎插手高宗立储之事，主要原因是结交朋党，实质原因是反对与金人议和，此外也有秦桧排挤诬陷的原因。作者对赵鼎的评价极高，认为他具备士大夫的风骨与节操，为官恪尽职守、兢兢业业，为南宋朝廷的建设和军政时局的巩固作出了巨大贡献。

靳玮鑫《赵鼎与南宋政权的确立（1127~1138）》[4] 将赵鼎生平研究与专题研究有机结合起来，对赵鼎生平进行了高度概括和总结，将其一生分为南渡前、跻身南宋政权核心、两次任相、贬谪地方至被迫害致死等几个阶段。值得一提的是，作者对赵鼎靖康前后的交游做了专门梳理，这在之前的研究中较为罕见。文章重点从赵鼎与南宋初期政治、经济、外交的关系，赵鼎与张浚、

---

[1] 〔美〕刘子健著、赵冬梅译、柳立言校：《中国转向内在——两宋之际的文化转向》，江苏人民出版社，2002 年。
[2] 方健：《赵鼎事迹述评——以绍兴八年为中心》，见龚延明、祖慧主编《岳飞研究·第五辑》，中华书局，2004 年。
[3] 梁亚琼：《南宋名相赵鼎仕宦略论》，《西部学刊》2022 年 10 月上半月刊（总第 172 期）。
[4] 靳玮鑫：《赵鼎与南宋政权的确立（1127~1138）》，杭州师范大学硕士学位论文，2021 年。

秦桧的关系等方面着笔，分析赵鼎的政治活动和思想，认为赵鼎是主战派，且其两度任相期间在军事、内政、外交上为高宗政权的确立作出了卓越的贡献，是名副其实的中兴名相，其历史地位理应得到后世更高的评价。文章在“余论”部分讨论了赵鼎与南宋政权确立的九大政治课题的互动。相较前人的研究，该文注重赵鼎与时代背景、社会环境、文化传统等因素的紧密联系，对赵鼎的研究更为全面和透彻。

对赵鼎的评价偏向负面的学者，多认为赵鼎乃主守或主和派，其所作为与贤相之名不符。持此类评价者主要有周宝珠、陈志刚等。

周宝珠《南宋对金和战斗争中的主守派与赵鼎》[1] 是较早单独研究赵鼎的论文。作者以李心传《建炎以来朝野杂记》对金和战斗争中所分的政治派别为依据，认为主守派摇摆于主战与主和两派之间，而赵鼎是当时影响最大的主守派。赵鼎对金的政治主张不是一成不变的，而是随着形势变化而变化的，即由主张抗金到与抗战派尖锐对立。赵鼎与李光、刘大中、张戒等希望建立一个东晋式的宋政权，以偏安江南为最高目的。以赵鼎为首的主守派曾苟同宋高宗对金乞和的主张，出卖北方坚持抗金的人民群众。赵鼎一步步向主和派靠拢并被利用殆尽，最终被秦桧打击陷害而落得死于荒岛的可悲下场。

王曾瑜在《赵鼎和李光》[2] 一文中对赵鼎在政府[3]的表现及其贬谪生涯做了研究，认同周宝珠以赵鼎为主守派的看法。王曾瑜认为赵鼎对金的态度是变化的。绍兴四年（1134），赵鼎是反对向金屈辱求和的。自绍兴七年（1137）十二月直到罢相为止，赵鼎一直都在主持宋金和谈。文中指出，赵鼎赞成宋金和议是确凿的史实，之所以在主和的情况下仍被罢相流放，主要原因是赵鼎不能不折不扣地贯彻高宗媾和的意图并且插手高宗立储之事。加之秦桧将赵鼎视为自己高升的障碍，借机嗾使党羽攻讦赵鼎。而赵鼎附有若干条件的主和策略虽然酿就了其生前的惨祸，但亦成就了其死后的哀荣。

陈志刚、王新锁在《略论赵鼎》[4] 一文中指出赵鼎是主和派无疑。赵鼎与高宗一样畏金人如虎，也患有“恐金症”。赵鼎和高宗一样不相信己方军队和人民的力量，虽同意岳飞收复襄阳六郡，但无意进取中原。赵鼎“今日之事，战未必为是，而和未必为非”[5] 的思想使之不思进取，专意防守议和。而再相后的赵鼎也毫无建树，一边行求和苟安之实，一边窃清正贤良之名。作者认为赵鼎是彻底的求和派，其主战的言论和行动都是寻求私利、标榜自己的手段。

陈志刚在《赵鼎罢相原因及“贤相”虚名——再论赵鼎》[6] 一文中讨论了赵鼎罢相的原因，更为彻底地否定了赵鼎。作者认为赵鼎是一个屈己求和的宰相，他在政治上毫无建树，因循守旧，照搬元祐政策，治国乏术，最大的“功绩”就是赞成宋金和议，定都临安，以维持小朝廷苟且偷安的局面。赵鼎专权植党，打击异己，擅权专断；抗战议和，表里不一；腐化骄奢，为人虚伪，

---

[1] 周宝珠：《南宋对金和战斗争中的主守派与赵鼎》，《河南师范大学学报（社会科学版）》1979 年第 5 期。

[2] 王曾瑜：《赵鼎和李光》，见《岳飞和南宋前期政治与军事研究》，河南大学出版社，2002 年。

[3] 此处“政府”与今日意义不同，宋时专用于指中央政府。

[4] 陈志刚、王新锁：《略论赵鼎》，《淮北煤师院学报（哲学社会科学版）》1998 年第 1 期。

[5] 此为绍兴六年（1136）八月遂宁府府学教授程敦厚上赵鼎书中之语。见（宋）李心传编撰、胡坤点校：《建炎以来系年要录》卷一〇四，中华书局，2013 年，第 5 册第 1967 页。

[6] 陈志刚：《赵鼎罢相原因及“贤相”虚名——再论赵鼎》，《淮北煤师院学报（哲学社会科学版）》1999 年第 4 期。

善耍两面派的伎俩。赵鼎因受到秦桧党羽的攻讦才成就了英名，而所谓的“贤相”虚名也是被其所扶植之人吹捧而来。总体而言，“赵鼎在历史上一无是处，他只能是一个应该否定的历史人物”。

将赵鼎放置于群体中加以研究的主要有寺地遵、梁太济、白晓霞、项景清等诸位俊彦。相对而言，此类研究对赵鼎的评价多倾向于正面。

日本学者寺地遵在《南宋初期政治史研究》[1]一书中最早提出了“赵鼎集团”的概念，将其定义为由赵鼎推荐得以参与权力中枢，进而一起经营政治活动的人组成的集团，并将“赵鼎集团”划分为流寓派、江南派与学者官僚派。书中专门讨论了赵鼎及“赵鼎集团”从辉煌到落败的过程，包括“赵鼎集团”的特质、新赵鼎路线、高宗主导下的和议与“赵鼎集团”的崩溃等内容。作者认为，“赵鼎集团”在高宗已经决意议和的情况下仍以收兵权和整军为最高政治课题，意图由此重建集权国家。由高宗主导的和议暴露了“赵鼎集团”的矛盾以及其集结力的极限，而秦桧对自己权力的强化和绝对化则使之对反对和议者进行了彻底清算，从而使“赵鼎集团”受到致命一击并最终分崩离析。

高纪春《赵鼎集团的瓦解与洛学之禁》[2]从学术、内政、外事三方面分析了“赵鼎集团”瓦解的主要原因，即朋党之忌与阻挠和议。文章指出，“赵鼎集团”在政治上极易表现为朋党，其学术上的偏好引起了洛学系统以外士大夫的强烈不满，政治上的朋党则招致其他势力的普遍愤激，反和议的立场更使得投降派与之势不两立。因此，“赵鼎集团”在当时的政治斗争中日益孤立。宋高宗和秦桧决意投降乞和后便抛弃了赵鼎，并借由抛弃赵鼎打击反对和议的洛学派旧党官僚，进而禁锢洛学。秦桧专权期间，程氏洛学的兴盛局面宣告结束。

藕蕾《南宋初年“赵鼎集团”研究》[3]在寺地遵和高纪春的研究基础上界定了“赵鼎集团”的概念，并全面梳理了“赵鼎集团”的成员名单，主要包括范冲、常同等 37 人。文章立足于新旧党争以及和战问题两大历史背景，将“赵鼎集团”作为一个整体，以其形成、发展壮大和最终瓦解为脉络，考察该群体成员之间、该群体成员与其他同时期政治人物之间的交往活动。作者认为，结合史料，赵鼎应当被视为主战派，其对金策略是因时因地制宜的，赵鼎在南宋初年的政治作为和历史地位应当被肯定。

白晓霞《南渡三宰相研究》[4]将李纲、吕颐浩、赵鼎三位宰相放在一起进行综合研究，认为三宰相在南宋政权甫定、万事待举之际挽救了几次政治危机，为南宋政权的稳定作出了贡献。文章探讨了三宰相与南宋初年政局、经济、民变与兵变及思想道德体系重建的关系，三宰相执政时期的宋金关系及对外政策，三宰相的执政风格、相互关系等内容。作者认为李纲、吕颐浩、赵鼎三人皆气节高亮、勤政爱民，可谓中兴名臣。此后，白晓霞在《南宋初年财政困境及其解决——以李纲、吕颐浩、赵鼎三宰相的财政措施为例》[5]一文中指出，南宋政权能在十几年内稳定政局并立足于东南半壁，关键在于基本解决了当时的财政困境。文章梳理了三宰相在南宋初期所施行

[1] 〔日〕寺地遵著，刘静贞、李今芸译：《南宋初期政治史研究》，复旦大学出版社，2017 年。

[2] 高纪春：《赵鼎集团的瓦解与洛学之禁》，《中国史研究》1997 年第 3 期。

[3] 藕蕾：《南宋初年“赵鼎集团”研究》，河南大学硕士学位论文，2020 年。

[4] 白晓霞：《南渡三宰相研究（1127~1138）》，暨南大学博士学位论文，2006 年。

[5] 白晓霞：《南宋初年财政困境及其解决——以李纲、吕颐浩、赵鼎三宰相的财政措施为例》，《青海社会科学》2008 年第 6 期。

的财政措施，包括创制经总制钱、固定盐法、减免赋役等。三宰相的有效财政措施使得南宋的经济实力得以增强，有了财力作为物质基础，才形成了与金南北对峙的格局。

项景清《南宋初期赵鼎与主和派的关系研究》[1] 从赵鼎与主和派的关系入手，分析其对金的基本主张、与主和势力的矛盾斗争以及其政治活动的影响，认为赵鼎是南宋初年为政局稳定作出杰出贡献的宰相之一。在宰相任内，赵鼎审时度势，主张先固根本而后恢复中兴，因此主张定都临安，以免离前线太近而威胁到朝廷安危。在军事上，他对外实施防江战略，重点部署沿江防御；对内重整军制，增强中央军力，安抚拥兵大将，调和君臣关系。他主张抗战且不轻言冒进，反对投降派的屈辱和议并与之进行了不懈斗争，但其执政又倾向保守退缩，亦有植党专权之嫌。

学界对赵鼎的交游研究多集中在其与张浚、秦桧的关系上。

黄繁光《论南宋赵鼎政治集团与张浚的分合关系》[2] 认为赵鼎、张浚早年互相视为知己，推崇引援，亲如兄弟。绍兴初，二人并居相位，共辅国政，都以巩固宋室政权、完成恢复大业为目标，内平群盗，安定社稷民生，外拒金齐入侵，鼓舞上下士气，对南宋政权的稳定作出了很大的贡献。赵、张二人由同心辅政到渐生歧异，竟至分道扬镳，主要在于二人行事作风上的差异与政策取向上的扞格。赵鼎谨言慎行，十分稳健，必先立于不败之地而后前进。张浚行事大开大合，急躁冒进，一切以完成任务为前提。行事风格的不同导致二人的政治策略也有所不同，张浚主张“汉淮防卫”，赵鼎则主张“培本固源”。在建都所在地上，二人的看法也针锋相对，张浚积极进取，主张建都建康；赵鼎稳健保守，主张建都临安。在收回兵权的问题上，张浚步骤急切，雷厉风行，希望看到立竿见影的效果；赵鼎则认为大将与军队关系错综复杂，不可急于求成，与诸大将的关系也远胜于张浚。在绍兴六年（1136）的淮西之役中，对战略主导权的争夺导致赵鼎、张浚两个政治集团的全面决裂。加之双方亲信门客龃龉不断，互相摒斥，最终使得赵鼎、张浚集团两败俱伤。二人关系的破裂对南宋绍兴政局产生了负面影响。作者对赵鼎生平也有研究，且梳理出了赵鼎和张浚两人生平简表、赵鼎所推荐或关系亲近的官僚一览表、赵鼎首次罢相随同去位的集团成员、淮西兵变后张浚党羽的退处等信息，对考察赵鼎的人际交往具有很高的参考价值。

梁太济《赵鼎张浚分歧及其与道学的关系》[3] 从赵鼎和张浚分歧的要点、政治学术纠葛、睽异始末三方面展开分析，认为赵鼎与张浚的分歧在于边事机筹与政事得失，而后者是更重要更关键的分歧。因政事和学术密不可分，故二人的分歧与他们对待道学的态度息息相关。赵鼎是虔诚的道学崇奉者。张浚对道学的真实态度在赵、张并相期间并未显露，在独相后则同意并支持禁伊川学，根本目的是清除赵鼎的势力和影响。赵鼎复相后，张浚所禁伊川学之事如昙花一现，很快成为历史。文章还梳理了赵、张睽异始末：二人围绕确立赵瑗的皇子地位问题产生嫌隙，又有二人门客往来其间、互相攻讦；赵鼎第一次罢相时，张浚似曾“见逼”[4]；在重修《神宗实录》的问题上，赵鼎、张浚的主导思想对立；在“鼎不负德远，德远负鼎”[5] 的问题上，赵鼎没有完全

[1] 项景清：《南宋初期赵鼎与主和派的关系研究》，华中科技大学硕士学位论文，2009年。

[2] 黄繁光：《论南宋赵鼎政治集团与张浚的分合关系》，《淡江史学》1994年第6期。

[3] 梁太济：《赵鼎张浚分歧及其与道学的关系》，见《梁太济文集·史事探研卷》，上海古籍出版社，2018年。

[4] （宋）李心传编撰、胡坤点校：《建炎以来系年要录》卷一〇六引《赵鼎事实》，中华书局，2013年，第5册第1997页。

[5] （宋）熊克：《中兴小纪》卷二三引《赵鼎逸事》，福建人民出版社，1985年，第275页。

兑现其诺言，而秦桧的挑拨更导致二人反目成仇。

董春林在《错位的因果——绍兴冤狱与绍兴和议的历史际遇》[1] 一文中指出，赵鼎在南宋初年中兴事业中立下了汗马功劳。赵鼎并非保守派或主守派，其关注财政得失及温和的政治策略，与高宗所面临的政治环境及当时的政治举措默契一致。实际上，赵鼎并非反对和议本身，更多的是反对和议的条件。赵鼎再次罢相虽与反和议有关，但不完全是因为反和议，主要还是因为赵鼎积极吸纳人才的政治策略及其与诸大将的关系影响到了高宗、秦桧所期望构造的政治环境，才最终成了稳定政权的牺牲品。

总体而言，从史学角度对赵鼎主战、主和、主守的研究，结论仁者见仁、智者见智。近年来，对赵鼎的研究逐渐从史学角度转为文学角度。目前所见对赵鼎文集及作品进行研究者，大多认可《宋史》本传关于赵鼎为“中兴贤相之首”的说法，认为“鼎之为国，专以固本为先，根本固而后敌可图、仇可复，此鼎之心也”[2]。换言之，此类研究者大多认为赵鼎为南宋初期政权的稳定作出了贡献，是值得肯定的历史人物。

关于赵鼎的家族和世系，孙艳辉在《赵鼎及其诗词研究》[3] 中做了较为全面的研究，该文还附录了《赵鼎年谱简编》。朱兴艳的《赵鼎年谱》[4] 广泛收集史传、笔记、文集、方志、家谱等一手材料，胪陈赵鼎一生事迹，是目前所见关于赵鼎家世、生平最为全面的系统研究。柳立言的《从赵鼎〈家训笔录〉看南宋浙东的一个士大夫家族》[5] 以赵鼎《家训笔录》为基础，从赵鼎家族的背景、《家训笔录》的取材，以及赵鼎构想中的家族形态、家族维系等方面进行分析，由赵鼎家族考察南宋时期士大夫宗族运行的模式。该文章梳理了“与赵鼎友善者”，包括“赵鼎之政治集团”“赵鼎之学友”“与赵鼎有推荐关系者”等内容，另有“因赵鼎受株连者”详细罗列受赵鼎株连的人，为研究赵鼎的交游情况提供了极大的便利。

对赵鼎文集进行研究的主要有杨芳的《赵鼎〈忠正德文集〉研究》[6]，是目前所见最全面、最详细的赵鼎文集研究成果。作者以四库本《忠正德文集》为底本，对《忠正德文集》的版本流传进行了梳理；对奏议内容进行了归纳分析和增补，认为从中可见赵鼎“根本固而后图进取”的政治主张；对笔录的内容进行了分类；对诗词等进行了辑补和探究。作者认为，《忠正德文集》内容丰富、记事详尽，大多是赵鼎亲闻亲见，对研究南宋初期的历史具有重要意义。

对赵鼎文学创作的研究多集中在其诗词方面。

孙艳辉《赵鼎及其诗词研究》在研究赵鼎生平的基础上探讨了赵鼎诗词的内容及艺术渊源。作者将赵鼎的诗从内容上分为时事诗、咏物诗、咏怀诗，并分别探讨了三类诗歌的特点，认为其诗歌风格受江西诗派的影响。文章还探讨了赵鼎词的三种主要题材，即艳情题材、咏怀题材、节庆题材。作者认为赵鼎的词内容丰富、风格多样，从微观方面体现出宋代南渡词坛创作主题和风格的变化。

---

[1] 董春林：《错位的因果——绍兴冤狱与绍兴和议的历史际遇》，《广西社会科学》2012 年第 9 期。

[2] （元）脱脱等：《宋史》卷三六〇《赵鼎传》，中华书局，1977 年，第 32 册第 11295 页。

[3] 孙艳辉：《赵鼎及其诗词研究》，南京师范大学硕士学位论文，2007 年。

[4] 朱兴艳：《赵鼎年谱》，上海大学硕士学位论文，2008 年。

[5] 柳立言：《从赵鼎〈家训笔录〉看南宋浙东的一个士大夫家族》，见《宋代的家庭和法律》，上海古籍出版社，2008 年，第 153 页。

[6] 杨芳：《赵鼎〈忠正德文集〉研究》，山西师范大学硕士学位论文，2018 年。

王丹《赵鼎诗歌研究》[1] 以赵鼎所作的295首诗作为研究对象，分析其情感构建，概括出三种情感内涵，即凄然无奈的身世之感、忧恋交织的家国之恨、愁怀郁结的仕途之悲。作者对赵鼎诗歌的整体艺术风貌进行了概括，认为其主要风格是沉郁悲凉，但也有清新明丽的一面。在语言特色上，赵鼎好化用前人诗句、巧用典故、善用叠词。文章分析了赵鼎诗歌在宋代诗史上的价值，认为赵鼎对杜甫、陈师道的诗歌都有学习和借鉴，其诗风与南渡诗风大体一致。文章也探讨了赵鼎诗歌不被研究者重视的原因。

韩芙荣《赵鼎交游及其唱和诗研究》[2] 指出，在南宋初期和战之争与学术之争的背景下，赵鼎以官僚、学者、作家的身份与同僚、洛学人士、僧人、江西诗派诗人等形成了不同的交游圈子，与不同对象的交游活动对赵鼎的诗歌创作产生了较大的影响。文章分析了赵鼎与张浚、秦桧的交往及赵鼎在相党之争背景下的文学创作，赵鼎与友人的交往，赵鼎唱和活动的方式，交游活动对赵鼎唱和诗创作的影响，指出江西诗派对赵鼎诗歌内容、形式、艺术技巧等方面影响深远。

孙天梅《赵鼎奏议文研究及校注》[3] 分上下两编，上编以赵鼎奏议文为研究对象，就内容和写作特色展开研究；下编则对现存的赵鼎奏议文进行了校注。文章认为，赵鼎奏议文的内容集中为外攘夷狄、内修政事，对外以“防托”为主，分征伐、防托、任将、赏罚四方面；对内以“固本”为先，包括法祖、宽民等内容。作者通过对赵鼎奏议文的研究得出赵鼎是主战派的结论。该文为学界研究赵鼎奏议文奠定了良好的文献基础。

刘建国、金五德《试论南宋四名臣的词》[4] 应是学界最早将南宋四名臣李光、李纲、赵鼎、胡铨（下均简称四名臣）的词作为研究对象的论文。作者认为，四名臣生于北宋与南宋之交，皆为力主抗金的爱国名臣，四人的词风都上承苏轼、下启辛弃疾。文中将四名臣的词分为忧时念乱、贬谪羁旅、咏物寄慨、遁隐自适四大类，认为这些词都有共同的鲜明主题，即黍离之悲、乡邦之思与贬逐之愁。四名臣词作豪放激越的风格及其中所蕴含的爱国思想使之极具研究价值。文章认为赵鼎前期的词作委婉含蓄、风流蕴藉，词风近晏殊；靖康之变以后则少了富贵气，多了激昂的豪放气，词风由近晏殊转为近苏轼。

姚惠兰《论南宋四名臣的诗》[5] 是较早以南宋四名臣的诗作为研究对象的文章。文章概括了南宋四名臣诗作的总体风格，指出这些诗的共同特征，即对时局的担忧、对当权者的愤慨和对民生疾苦的深切同情。此外，四名臣的诗作亦表现出畏谗惧祸、缄口不言的心态及豪放乐观、超脱闲适的情怀。四名臣的诗作虽不入宋诗第一流，但既有时代特色，又突破了宋诗藩篱，颇具个人风格，在情景交融、议论与抒情结合等方面取得了一定成就。其中赵鼎的作品感情触角最为纤微，诗意凄楚，感人肺腑。

李珂《和战之争下南宋四名臣的诗》[6] 研究了南宋四名臣对南宋前期和战之争与学术之争的态度，认为赵鼎是以守为基准的“积极主和派”。作者认为，南宋四名臣对和战的态度虽略有不

[1] 王丹：《赵鼎诗歌研究》，哈尔滨师范大学硕士学位论文，2013年。
[2] 韩芙荣：《赵鼎交游及其唱和诗研究》，河南大学硕士学位论文，2011年。
[3] 孙天梅：《赵鼎奏议文研究及校注》，西北大学硕士学位论文，2016年。
[4] 刘建国、金五德：《试论南宋四名臣的词》，《湘潭大学学报（社会科学版）》1988年第1期。
[5] 姚惠兰：《论南宋四名臣的诗》，《楚雄师专学报》第14卷第4期（1999年10月）。
[6] 李珂：《和战之争下南宋四名臣的诗》，河南大学硕士学位论文，2010年。

同，但作为朝廷重臣的他们大多能以国势全局为重、以救国救民为己任。文章分析了南宋四名臣诗歌的内容及艺术特色，认为南宋四名臣的诗既体现了时代特色，又表现出鲜明的个人风格。作者认为赵鼎诗歌在艺术上更多的是继承和学习前人的成就，独创性不多。

姚惠兰《论宋代贬谪文人的海南词》[1] 以宋代贬谪海南的苏轼、李光、赵鼎、胡铨所创作的海南词为研究对象，探讨了他们被贬谪海南的原因，认为苏轼的海南词表达出的旷达精神突破了中国古代的贬谪文学模式，李光、胡铨继承和发展了苏轼模式，赵鼎则表现出对苏轼模式的偏离和对秦观悲苦哀怨之风的因袭。作者认为，赵鼎对苏轼模式的偏离主要是因为其多愁善感的性格与秦观极为相似，其自身经历使之对宦海风波缺乏足够的心理准备。此外，赵鼎的审美情趣决定了他早期词作的缠绵风格。

牛敏洁《赵鼎词论略》[2] 认为，赵鼎词作以南渡为界呈现出不同的内容和风格。内容方面，南渡之前主要书写闺中女子的情绪，展现奢华、惬意的日常生活和仕途生活中的矛盾心理；南渡之后多表达故国之思和精忠报国的决心，主要为思归词、爱国词、感伤词。风格方面，南渡之前语言优美、辞藻华丽、风格香艳，南渡之后变得悲凉、豪放。赵鼎现存的词虽然不多，但表现形式和艺术手法丰富，如使用题序、大量用典、将前人诗句融入词中等。

柳建国《南宋四名臣词研究》[3] 认为，四名臣在人生经历、人格精神、政治主张三方面有共性，即皆历靖康之难，忠君爱国，力主抗金。他们的词作在内容题材上有感时伤世、体物咏怀、节序时令、唱和酬答四方面的共性，在艺术风格上则既有共性又有个性。赵鼎的词作前期多婉媚的花间之风，南渡后则多浓郁的莼鲈之思。作者认为，四名臣词作延续了苏轼开创的以诗为词的道路，以诗的内容、题材、意境入词，大量使用题序，拉近了词与诗的距离，提升了词的文体地位。

毛亚兰《南宋四名臣词作研究》[4] 分析总结了南宋四名臣的政治主张和学术主张，认为他们虽在和、战、守的选择上是随着国家形势的变化而变化的，但总体是反和主战。四名臣在学术上都反思批判荆公新学，带有浓厚的元祐学术色彩。文章以时间为线，大致将四名臣词作进行分期归纳，概括其风格共性及艺术特征。作者认为，赵鼎的词作以建炎南渡为界，之前风格缠绵轻婉，多伤春悲秋之作；之后风格厚重深沉，多逐臣之悲与矢志不渝的顽强乐观之作。

林昕禹《南宋四名臣谪琼文学研究》[5] 认为南宋四名臣虽并非坚决主战，但总体在抗金与投降、恢复与偏安的问题上始终坚持国家利益的最大化。文章结合四人生平经历与所作谪琼诗词展开研究，认为不同的性格导致四名臣对痛苦的敏感程度不同，造就了他们迥异的心态。因现存赵鼎谪琼诗词较少，故文中对赵鼎诗词的研究仅限于三首诗和九首词。文章认为赵鼎的词风在南渡前婉丽精巧，南渡后则变得沉郁悲凉，尤其是被贬之后，精巧纤弱的伶工之词变成了沉郁感慨的士大夫之词。总体而言，赵鼎的词风虽还是花间余绪，但其实已不自觉走在了苏轼开拓词境、改

---

[1] 姚惠兰：《论宋代贬谪文人的海南词》，《海南大学学报（人文社会科学版）》2006年第1期。
[2] 牛敏洁：《赵鼎词论略》，《剑南文学》2011年第2期。
[3] 柳建国：《南宋四名臣词研究》，湖南大学硕士学位论文，2014年。
[4] 毛亚兰：《南宋四名臣词作研究》，华中师范大学硕士学位论文，2020年。
[5] 林昕禹：《南宋四名臣谪琼文学研究》，南京师范大学硕士学位论文，2020年。

变词风的革新道路上。就现存的赵鼎谪琼诗词来看，作者认为其艺术成就不高，文学价值较低。

陈忻在《南宋宰相赵鼎奏疏的忧愤之情》[1]一文中肯定了赵鼎的政治功绩，认为赵鼎在南宋时局最为艰难之时登上了政治舞台，他的奏疏中有较多篇幅真实记录了当时的政治局势及自己身处其间的政治遭际和态度。文章围绕绍兴四年（1134）八月赵鼎出任川陕宣抚处置使之际与时相朱胜非的矛盾展开论述，认为赵鼎的奏疏因政治上的力争而风骨卓然，又因情感上的忧愤而生动饱满，融陈情与说理为一炉，形成了情理交融的表达效果。

李曦萌《赵鼎的悲情创作研究》[2]以赵鼎所作诗、词、文中的悲情作品为研究对象。作者总结概括了赵鼎创作中悲情的基本内容，即年华易逝的焦虑、乱离奔波的忧虞、亲朋飘零的怅然、故国难归的无奈、暮年衰病的苦痛；分析了赵鼎诗歌悲情创作的表现形式，即凄清悲愁的意象选取、孤独行客的形象刻画、历史人物的悲情共鸣；探讨了赵鼎悲情创作的成因，即动荡离乱的社会成因、沮抑悲苦的政治成因、刚毅谨慎的性格成因；阐述了赵鼎悲情创作的内在意蕴，即执着理想的悲壮之感、为国爱民的悲悯情怀。这是目前所见第一篇以赵鼎文学创作中某一类型的情感体验为研究对象的硕士学位论文。

仲恒《中兴贤相的萧瑟孤影——论赵鼎诗词中的悲感书写》[3]从主题向度、抒情模式、艺术手法三方面研究了赵鼎诗词的悲感书写，分析了赵鼎诗词悲感在南宋四名臣诗词创作中的特殊性及其成因。文章认为，赵鼎坎坷的遭际使他的诗词中出现多重悲感，即身世之悲、家国之悲、贬黜之悲以及仕隐矛盾等。赵鼎诗词创作悲感的侧重点在其人生不同阶段的作品中也有不同，而其表现悲感的抒情模式也较为特殊。赵鼎诗词创作与南宋四名臣中其他三人风格迥异的原因则在于其家乡位置、人生境遇以及学术思想的特殊性。

综上所述，大致可以看出赵鼎相关研究的历史、现状和趋势。早期对赵鼎的研究主要集中在其政治作为上，即将赵鼎视为政治家。赵鼎于绍兴初年两度为相，其和、战态度随着政治形势的变化而变化，加之秦桧专权之后曾肆意篡改史料，故赵鼎在对和与战等问题上的态度在后人看来不甚明朗。于是，拨开重重历史迷雾，研究影响南宋内政外交的政治家赵鼎便成为学者的研究重点。随着研究队伍的扩大和研究的逐步深入，研究者开始重新审视对赵鼎的相关研究，将侧重点从史学研究转向文学研究。之所以有这种转向，或许是因为史学研究和文学研究各有侧重，即史学以“事”为研究对象，而文学以“人”为描绘中心。从某种程度上讲，将赵鼎视为作家也许比将其视为政治家更接近历史本身。白居易云：“文章合为时而著，歌诗合为事而作。”[4]古往今来，具有旺盛生命力的文学作品都根植于现实生活，赵鼎的文学作品一定程度上反映了南渡前后士大夫的生活状态、情感状态和思想状态。在文风繁盛的宋代，赵鼎的诗、词、文虽算不得上品，但其中所表现的爱国思想、凛然气节和奋发有为的精神犹如耀眼的星辰，穿越千年的时光，至今仍熠熠生辉。

[1] 陈忻：《南宋宰相赵鼎奏疏的忧愤之情》，《重庆师范大学学报（哲学社会科学版）》2012年第6期。

[2] 李曦萌：《赵鼎的悲情创作研究》，重庆师范大学硕士学位论文，2021年。

[3] 仲恒：《中兴贤相的萧瑟孤影——论赵鼎诗词中的悲感书写》，《荆楚学刊》第25卷第1期（2024年2月）。

[4] （唐）白居易著、谢思炜校注：《白居易文集校注》卷八《与元九书》，中华书局，2011年，第1册第324页。

第六章　赵鼎传略

一　赵鼎家世

赵鼎字元镇，号得全居士，解州（今山西运城）闻喜人，故里在闻喜董泽（今闻喜县礼元镇阜底村）。赵鼎自谓晋赵衰之后，世居汾晋。宋太祖征河东，徙解州闻喜，遂为闻喜人。曾祖荣，祖友直，父玘，均在赵鼎拜相后获追封。赵鼎幼失怙恃，为继母樊氏抚育成人。樊氏极可能亦为闻喜人，约卒于徽宗宣和三年（1121）。樊氏不仅识文断字，且博通经书，善于治家理政。赵鼎妻宋氏应亦是闻喜人，生年不详，至晚卒于高宗绍兴四年（1134）九月。赵鼎有子三人，长曰洙，仲曰汾，幼曰渭。

赵洙字鲁望，生于徽宗大观三年（1109）二月十二日。约在高宗绍兴元年（1131）秋冬，赵洙荫补承奉郎。五年（1135）十月，赵洙因赵鼎监修《神宗实录》获赐六品服。六年（1136）十二月，赵鼎首次罢相，出知绍兴府，赵洙应跟随其父，任浙东安抚大使司书写机宜文字。其后赵洙迁右承事郎，可能曾短暂任职于衡岳（即南岳衡山，泛指衡阳及周边地区）。十年（1140）八月上旬，赵洙病逝于慈溪，年仅三十一岁，其后“藁葬于慈溪县之僧舍”[1]二十余年。三十年（1160）八月，赵洙妻陆氏卒于侯官（今福建福州）。其后，其子赵益、赵谧自侯官扶柩至慈溪，启赵洙之殡同归常山。三十一年（1161）十二月，赵洙夫妇合葬于常山县定阳乡石门山（今常山县何家乡文图村）。

赵汾，字号不详，生年不详。举孝廉。曾荫补承事郎。高宗绍兴十七年（1147）八月，赵鼎绝食自尽于吉阳（今海南三亚），翌年二月得旨归葬。赵汾遂前往吉阳，于十八年（1148）正月初扶柩至常山。十九年（1149）夏，赵汾为衢州知州章杰构陷，险成冤狱，幸得常山县尉翁蒙之相助，又因章杰为秦桧所忌，才得免祸。二十年（1150）十一月，赵汾与家人葬赵鼎于常山。二十五年（1155）八月，赵汾被秦桧党诬陷下狱，迅即因秦桧病不能书而得免祸。同年十二月，赵汾冤狱得到平反，还家而卒。累赠金紫光禄大夫。

赵渭大概因病卒于高宗绍兴十年（1140）正月，生平不详。

赵鼎有女三人，长适李镇，次适范仲彪，幼适范仲岐。范仲彪、范仲岐是范冲之子，范祖禹

[1] 引自2019年12月浙江省常山县何家乡文图村出土的赵洙季子赵谧所作《赵洙墓志铭》。

之孙。

赵鼎有孙益、谧、韫、盥、蕴、监等十一人，高宗朝皆未仕，孝宗时多被擢用。

赵益，应是赵洙长子。高宗绍兴三十年（1160），赵益因祖父赵鼎修史转官回授迁右承奉郎。其后，赵益当曾监行在太平惠民和剂局。孝宗乾道八年（1172），赵益假宣州观察使、知阁门事，充接伴使。自孝宗淳熙五年（1178）十月起，赵益任会稽提刑。八年（1181）八月除知阁门事。其后宦迹不详。

赵谧，字安卿，赵洙季子。高宗绍兴三十一年（1161）前后，赵谧监镇江府户部大军仓。孝宗淳熙九年（1182），赵谧任筠州（今江西高安）知州，约于十六年（1189）初知永州。约在光宗绍熙中，赵谧离知永州任，后历任都官员外郎、户部员外郎主管左曹、户部员外郎、户部郎中、户部郎中兼权军器监诸职。其后，赵谧改任江西提举，宁宗庆元元年（1195）三月为言者论罢。宁宗嘉泰元年（1201），赵谧知潮州。其后赵谧曾任江西提刑，于宁宗开禧元年（1205）闰八月罢。

赵韫，字号不详，赵汾子。赵韫以恩荫补官。孝宗淳熙二年（1175）闰九月，赵韫为朝廷审察。六年（1179）十一月，赵韫任会稽提举，并与赵益于会稽（今浙江绍兴）共事。八年（1181）八月，赵益离任。同年十二月，赵韫奉召赴行在。其后赵韫除刑部郎官，后改添差参议官差遣。

赵盥，赵汾子。曾于孝宗淳熙年间知建宁府（今福建建瓯）。

赵蕴，赵汾子。孝宗隆兴中以祖赵鼎推恩录用。

赵监，字孺文，一作儒文，应是赵汾子。入赘昆山范之柔家。曾知兴国军（今湖北阳新）。

二　南渡之前

赵鼎生于神宗元丰八年（1085），据《全宋词》所录赵鼎《醉蓬莱·庆寿》考订，赵鼎生日应在正月五日。古人常有梦谶之说，且神异来历常与人命运、祸福、功绩相连。赵鼎母李氏怀孕时曾有异梦。陈耀文《天中记》卷三九《赞皇公至》引《坦斋笔衡》云：“赵鼎初生时，其母梦金紫伟人入其室，前有赞引者，喝曰：‘赞皇公至。’夫人惊悟，仿佛若有所见。未几而鼎生焉。其后仕宦功名多与德裕合。德裕自东都分司贬潮阳，而鼎亦自四明以散官安置于潮阳，德裕明年贬朱崖而卒，鼎亦卒于朱崖，俱年六十二。”[1] 因赵鼎仕宦经历与李德裕极为相似，二人皆两度拜相，晚年亦一贬再贬，贬谪路线相同，皆先后被贬潮州、吉阳，且卒时年龄相近，又皆卒于吉阳，故宋人以为赵鼎乃李德裕转世。

徽宗崇宁四年（1105），二十岁的赵鼎在河中府（今山西永济）参加秋试。宋初，科举考试为一年一次。英宗治平三年（1066）十月六日，科举考试定为每三年一次。第一级考试为举行于

[1]（明）陈耀文：《天中记》，广陵书社，2007年，下册第1274页。（明）郎瑛：《七修类稿》卷五〇《奇谑类·事相同》，中华书局，1959年，下册第738页。（明）彭大翼：《山堂肆考》卷一四三《诞育·德裕转世》，景印文渊阁《四库全书》本，台湾商务印书馆，1985年，第976册第743、744页。周勋初主编：《宋人轶事汇编》卷二九，上海古籍出版社，2014年，第4册第2051页。按：陈耀文《天中记》原文作“安置子潮阳”，疑误“于”为“子”；又言“俱年十二”，当脱“六”字。

各州的取解试。取解试后为第二级考试，即举行于礼部的省试。第三级考试为殿试，由皇帝亲试省试合格进士。赵鼎于秋试中名列前茅，被荐于礼部。徽宗崇宁四年（1105）冬，赵鼎赴开封参加礼部试。五年（1106）正月五日开礼部试，礼部试后即为殿试。殿试为科举考试最高一级考试，考绩定为五等，学识优长、词理精绝为第一等，才思该通、文理周密为第二等，文理俱通为第三等，文理中平为第四等，文理疏浅为第五等。皇帝亲自审定等第名次，然后御崇政殿临轩唱名发榜，第一、二等赐及第，第三、四等赐出身，第五等赐同出身。赵鼎为同进士出身，即省试合格，经殿试复试名次列在第五甲者。

徽宗崇宁五年（1106）秋，赵鼎调凤州两当县尉。县尉掌部辖弓手、兵士巡警，捕盗解送县狱，维持一县治安，秩从九品[1]。徽宗大观三年（1109），赵鼎任岷州长道（今甘肃西和）县尉。宋官制为一任三年，三年后，即徽宗政和二年（1112），赵鼎应在同州（今陕西大荔）任户曹。户曹即户曹参军事，掌户籍、赋税、婚姻、田宅、仓库交纳等事，兼领出入诸县事覆，及与仓曹、兵曹、士曹参军事分季轮流同司录参军事推勘诉讼公事，秩正八品[2]。五年（1115），赵鼎应在河东（今山西永济）任县丞。县丞佐理县事，监督群吏，掌推行农田、水利、免役、市易等法，及兴山泽、坑冶之利。河东为河中府次赤，县丞为正八品[3]。徽宗重和元年（1118），赵鼎在河东三年任期已满，可能被调至安邑（今山西运城），然不详任何职。约在徽宗宣和三年（1121），赵鼎母樊氏卒，赵鼎遂回家乡闻喜丁忧。

赵鼎自入仕至此均沉沦下僚，对北宋政局几乎没有影响。时赵鼎年已而立，自觉潦倒，诗中常有蹭蹬失意的感慨，极少见当年登第后“氤氲和气凤城春，正是英豪得志辰”和“血食官祠尚千载，男儿要自勉功名”[4]的得意与抱负。其《梦觉一首时将解安邑赴调》诗云：“老境足悲伤，穷愁更萦绕。嗟余竟奚为，滥为策名早。漫浪戏一官，不觉成潦倒。况此百日中，随分接纷扰。跧如辕下驹，孤甚沙洲鸟。未妨公事多，但使痴儿了。州县定劳人，侏儒尚能饱。”[5]

徽宗宣和六年（1124），三十九岁的赵鼎出任河南洛阳县令。洛阳县令，正八品，总治一县民政。凡户口、赋役、钱谷、赈济、给纳与平决狱讼诸事，统掌之[6]。在洛阳任上，赵鼎重燃仕途希望。其《之官开封泛洛东下先寄京师故旧》诗云：“沧波东下武牢关，物色人情共惨然。草檄旧传骠骑府，浮家今在孝廉船。向来戎马知何补，老去江湖定有缘。无限青云著鞭处，固应分付祖生先。”[7]

就在赵鼎踌躇满志之时，徽宗宣和七年（1125）十一月，金分东西两路南下侵宋。完颜宗翰率西路军从云中（今山西大同）进取太原，完颜宗望率东路军由平州（今河北卢龙）进取燕山（在今北京）。金西路军于十二月先后陷朔州、代州（今山西代县）、忻州，于十二月十八日围太

[1] 龚延明：《宋代官制辞典（增补本）》，中华书局，2017年，第611页。

[2] 《宋代官制辞典（增补本）》，第572页。按：为简明，本章注释中引用文献出处相同者，仅首次出现时注全信息。

[3] 《宋代官制辞典（增补本）》，第610页。

[4] （宋）赵鼎：《登第示同年》，见北京大学古文献研究所编《全宋诗》卷一六四四，北京大学出版社，1998年，第28册第18404页。（宋）赵鼎：《登第西归过甘罗庙题诗壁间》，见《全宋诗》卷一六四五，第28册第18418页。

[5] （宋）赵鼎：《梦觉一首时将解安邑赴调》，见《全宋诗》卷一六四四，第28册第18392页。

[6] 《宋代官制辞典（增补本）》，第608、609页。

[7] （宋）赵鼎：《之官开封泛洛东下先寄京师故旧》，见《全宋诗》卷一六四四，第28册第18408页。

原。金东路军则到达燕山，宋守将郭药师投降，金军以郭药师为向导长驱南下，直达东京（今河南开封）城下。十二月二十三日，徽宗匆遽内禅，其子赵桓登基，是为宋钦宗。次年正月改元靖康。

钦宗靖康元年（1126）五月，因宰相吴敏的推荐，四十一岁的赵鼎离开洛阳，赴开封任士曹参军事。开封士曹参军事简称开封士曹，秩正八品，掌到、罢批书，并领出入所辖县事覆，及与户曹、仓曹、兵曹分季轮流与司录参军推勘诉讼公事[1]。随着宋金战事的变化，六月三日，钦宗以李纲为河北、河东路宣抚使，统兵以援太原。六月六日，解潜任河东制置副使。解潜辟赵鼎为河东宣抚司干当公事，自威胜（今山西沁县）救援太原。援军于六月二十七日出发，七月初抵河阳（今河南孟州）。七月二十七日，解潜自威胜进兵。八月初，解潜兵败于南北关（在今山西武乡、祁县）。赵鼎亦随解潜返回京师。因各路援军皆败，城中军民弹尽粮绝，太原于九月三日为金人所陷。

太原被攻陷后，金人要求宋廷于十一月十五日前必须将割地书送到，否则立即进攻开封。十一月七日，钦宗下诏集文武百官于崇政殿，共议存弃三镇[2]之地。百官或主张弃三镇而和，或主张保三镇而战，或持两可态度观望。赵鼎以为三镇为祖宗之地，不可割让，根本无须讨论。本传云："金人陷太原，朝廷议割三镇地，鼎曰：'祖宗之地不可以与人，何庸议？'"[3] 然钦宗最终从范宗尹等议，割三镇求和，于同月十三日遣知枢密院事冯澥、徽猷阁直学士李若水充告和使，前往完颜宗翰军割三镇地界。二十四日，金东路军前锋抵达开封城下。次日，完颜宗望率大军赶到，屯兵于刘家寺（在今河南开封）。闰十一月二日，金西路军完颜宗翰兵亦至城下。金东、西两路军合围开封。二十五日，金兵攻陷开封，遣使入城索取金银宝货、子女玉帛及各种奇异珍玩。时赵鼎被围城中，有《围城次退翁韵》等诗纪事。

钦宗靖康二年（1127）二月，金左副元帅完颜宗翰和右副元帅完颜宗望先后胁迫宋钦宗、宋徽宗赴金营，并下令将二人废为庶人。又令开封府北宋大臣必须推戴异姓以治国事，限日施行。百官知晓金人意图，推举张邦昌为帝。二月中旬，赵鼎与秘书省校书郎胡寅、太常寺主簿张浚逃太学中以避乱，皆不书立张邦昌议状。三月七日，金人正式立张邦昌为帝，国号"大楚"，拟建都金陵（今江苏南京）。张邦昌其人素来胆小畏谨，既乏能力，也无野心，故僭位后始终不敢御正殿，不肯接受群臣朝贺，不立年号，亦不用天子礼仪，金人来时则换上帝服相见，以相敷衍。宫中诸门皆锁，题以"臣邦昌谨封"[4]。三月二十七日，金右副元帅完颜宗望退师，徽宗被俘北去。四月一日，金左副元帅完颜宗翰退师，钦宗被俘北去。金军掳徽、钦二帝与皇后、妃嫔、诸王、公主、宗室及大臣何㮚、孙傅、张叔夜等三千余人，携带搜括所得金银财物、仪仗法器及图书乐器等北去。北宋就此灭亡，自宋太祖建隆元年（960）建国至此，共一百六十七年。

高宗绍兴八年（1138）赵鼎再次罢相。九年（1139），言官王次翁、曾统、谢祖信等数论赵

[1]《宋代官制辞典（增补本）》，第573页。

[2] 三镇即太原、中山（今河北定州）、河间。

[3]（元）脱脱等：《宋史》卷三六〇《赵鼎传》，中华书局，1977年，第32册第11285页。

[4]（宋）李心传编撰、胡坤点校：《建炎以来系年要录》卷七，中华书局，2013年，第1册第119页。

鼎于靖康末受张邦昌伪命为京畿提刑事，赵鼎遂作《辩诬笔录》[1] 辩之。赵鼎自辩谓，除直秘阁、京畿提刑、兼转运副使在钦宗靖康元年（1126）十二月末，次年正月初画黄下吏部，然因兵戈扰攘，正式任命并未下达。二年（1127）四月一日，金兵退尽，吕好问以为“大楚”政权已失去凭借，劝张邦昌早日退位，迎立康王赵构，以为自全之计。张邦昌遂于次日遣人赴东平寻赵构。五日，张邦昌迎奉哲宗废后孟氏自私第入居延福宫。九日，张邦昌手书上孟氏尊号曰元祐皇后，入居禁中。获悉将迎孟太后垂帘听政并遣使捧玉玺奉迎兵马大元帅事，且仅为“权摄”（即暂时代理）后，赵鼎乃敢交割职事。十一日，孟太后垂帘听政。十三日，得孟太后差权圣旨后，赵鼎方举职。此虽为赵鼎自辩，然其中涉及人员甚众，又有料钱为据，恐难作伪，应当可信。其后，在清算任职于伪楚政权之人时，右正言邓肃奏请高宗窜斥从伪之臣，所上奏章之内并未提及赵鼎[2]。宋室南渡之后，昔日在伪楚政权中权摄之人如李回、谢克家、范宗尹等都曾被召用，其中范宗尹更是从高宗建炎四年（1130）五月至高宗绍兴元年（1131）七月任相逾年。南宋史学家李心传亦云：“绍兴中王次翁、曾统、谢祖信劾赵鼎受邦昌伪命，为京畿提刑，退而告人有‘亲奉玉音’之语，而《实录》不书，盖诬之也。”[3]

高宗建炎元年（1127）五月一日，赵构在南京（今河南商丘）登基，以“建炎”为年号，取火克金之意。赵鼎随即上表请车驾还阙。同年九月，金以张邦昌被废为借口，再次对宋出兵。正式用兵之前，金军首先攻占仍由宋军坚守之州县。十月一日，高宗自南京登舟赴扬州，实行南迁之计。赵鼎则于九月举家登舟南下。南渡途中，泊舟仪真江口时，赵鼎有脍炙人口的《满江红·丁未九月南渡，泊舟仪真江口作》抒怀，词云：“惨结秋阴，西风送、霏霏雨湿。凄望眼、征鸿几字，暮投沙碛。试问乡关何处是，水云浩荡迷南北。但一抹、寒青有无中，遥山色。天涯路，江上客。肠欲断，头应白。空搔首兴叹，暮年离拆。须信道消忧除是酒，奈酒行有尽情无极。便挽取、长江入尊罍，浇胸臆。”[4]

赵鼎自开封沿汴河南下，自泗州（今江苏盱眙）入淮河，经盱眙，东北至淮阴（今江苏淮安）、楚州（今江苏淮安），转运河南下，途经高邮、扬州，再从瓜洲（在今江苏扬州）入长江，往西过真州（今江苏仪征），至江宁（今江苏南京），且安置家眷于江宁。

南渡之前，尤其至洛阳后，赵鼎主要交游者多与其政治立场相同、学术思想相似、为政理念相近，如张浚、胡寅、吕若谷、宋齐愈、邵溥、吕言问、吕好问等。其中，张浚与洛学有很深的渊源。据朱熹所撰《少师保信军节度使魏国公致仕赠太保张公行状》，张浚曾再三往见程颐高足谯定，可见他早年向往洛学，并得谯氏指点。胡寅为胡安国弟之子，胡安国养子。胡安国推崇二程之学，又从程门高弟谢良佐、杨时、游酢等游。胡寅幼承庭训，任国子监教授时又师从二程高足杨时。吕言问、吕聪问、吕丕问、吕好问等皆属宋代望族吕氏家族，其中吕言问与吕好问为亲兄弟，皆为仁宗朝名相吕夷简之后。吕好问促成张邦昌迎立孟太后垂帘，归政于赵宋，亦曾多方

[1]（宋）赵鼎：《忠正德文集》卷九，景印文渊阁《四库全书》本，台湾商务印书馆，1985年，第1128册第755页。

[2]《建炎以来系年要录》卷七，第1册第204、205页。（元）佚名撰、汪圣铎点校：《宋史全文》卷一六上《宋高宗一》，中华书局，2016年，第4册第1056、1057页。《宋史》卷三七五《邓肃传》，第33册第11604页。

[3]《建炎以来系年要录》卷三，第1册第78页。

[4] 唐圭璋编纂、王仲闻参订、孔凡礼补辑：《全宋词》，中华书局，1999年，第2册第1225页。

奔走，极力劝进康王赵构继承大统。邵溥祖父邵雍名重一时，司马光敬重邵雍，二程与邵雍亦师亦友。邵溥之父邵伯温为赵鼎之师，与司马光为再世交。赵鼎深受邵伯温影响，尊崇司马光，推重伊川程颐之学，力倡元祐风尚。赵鼎首次拜相后曾上疏乞追赠邵伯温。赵鼎“尝表伯温之墓曰：‘以学行起元祐，以名节居绍圣，以言废于崇宁。’世以此三语尽伯温出处云”[1]。

三　南渡之初

高宗建炎二年（1128）正月，赵鼎追随高宗行在至扬州。赵鼎《戊申正月行在参吏部示诸幼》诗云：“罢官清坐乃吾分，号寒啼饥谁汝怜。政缘兹事藉升斗，使我不得休林泉。日下扬州行在所，寸长片善希陶甄。汗衣尘帽门户底，包羞忍耻王公前。”[2] 在扬州，念及寄居江宁之家人，赵鼎遂作《寄金陵诸幼》，诗云：“汝宁为我累，我独于汝重。今而暂相远，愁亦虑汝共。”[3] 约在是年冬，赵鼎寓居杭州，迁朝奉大夫，祠差主管洞霄宫。此次赵鼎所得寄禄官或与“畴昔相知吏部铨”[4] 有关，然不详其昔日相知为何人。朝奉大夫为文臣京朝官寄禄官三十阶之第十九阶，从六品。朝奉大夫有料钱三十五贯，春、冬绢各十五匹，春罗一匹，冬绵三十两[5]。

建炎二年（1128）七月，金人再度南侵。十一月，金中路军完颜宗翰与东路军完颜宗辅先后渡河，宗翰军与宗辅军主将完颜宗弼攻破濮州（今山东鄄城），宋东京留守杜充决黄河口，谋以河水阻金兵西进。金军遂转而向东，分别攻陷开德（今河南濮阳）、滑州（今河南滑县）、相州（今河南安阳）、淄州（今山东淄博）。十二月，金东路军先后攻陷东平、济南、大名（即宋之北京）、袭庆（今山东济宁）等地。

同年秋，金将完颜娄室率部进攻陕西，以牵制川、陕宋军，掩护主力东下。娄室率军经解州渡河，于八月破华州（今陕西渭南）。九月破蒲城、同州、丹州（今陕西宜川）。十一月攻克延安。建炎三年（1129）二月，宋安抚使折可求以麟（今陕西神木）、府（今陕西府谷）、丰（今陕西府谷）三州降金，娄室遂攻晋宁（今陕西佳县）。四月，金军攻占鄜（今陕西富县）、坊（今陕西黄陵）两州，宋陕西防线几近崩溃。然金兵在陕西并未久留，故所得州县很快又为宋所有。

建炎三年（1129）正月，在攻陷中原战略重镇徐州后，完颜宗翰亲率重兵与屯驻淮阳（今江苏邳州）的韩世忠军交战，韩世忠部溃败。完颜宗翰另派完颜拔离速、乌林答泰欲、耶律马五等率铁骑奔袭扬州。正月三十日，金军攻陷泗州。二月一日，高宗诏令士民从便避敌，并命统制官刘正彦率兵护六宫、皇子逃往杭州。三日，金军陷天长，距扬州仅一百一十里。高宗闻讯，仓皇披甲乘马急驰至瓜洲渡口，得一叶小舟渡江南逃，随行者仅御营都统制王渊及内侍康履等五六人。当晚，金将耶律马五率先锋五百骑追至扬州城下，因一时舟船难觅，加之人马疲惫，大雨滂沱，

[1]《宋史》卷四三三《邵伯温传》，第37册第12853页。
[2]（宋）赵鼎：《戊申正月行在参吏部示诸幼》，见《全宋诗》卷一六四四，第28册第18397页。
[3]（宋）赵鼎：《寄金陵诸幼》，见《全宋诗》卷一六四四，第28册第18395页。
[4]（宋）赵鼎：《戊申正月行在参吏部示诸幼》，见《全宋诗》卷一六四四，第28册第18397页。
[5]《宋代官制辞典（增补本）》附表三七《南宋俸禄总表——宋代俸禄表格之十一》，第795页。

积水盈地，金军难以继续追赶，转而屠杀掠夺，纵火焚扬州，逐次北撤。高宗则由镇江继续沿运河南逃，经常州、无锡、平江（今江苏苏州）、吴江（今江苏苏州）、秀州（今浙江嘉兴）、崇德（今浙江桐乡）至杭州。十三日，高宗至杭州，以州治为行宫。是时政府阙员，故高宗不再囿于“荐士止侍从已上，不及郎官”[1]之例，“命侍从及寺监长贰、郎官，限二日举有才术之士二人”[2]。右司员外郎黄概荐赵鼎。时金人所过州县多烧杀抢掠，民不聊生。赵鼎家眷为避战火，从江宁追随赵鼎至杭州。赵鼎被召后即安置家眷于衢州常山。

三月五日，扈从统制苗傅、御营右军副统制刘正彦等在杭州发动兵变，杀签书枢密院事王渊及内侍康履以下百余人，迫高宗逊位于三岁的皇子赵旉，请孟太后垂帘听政。六日，尊高宗为睿圣仁孝皇帝，居显忠寺，改称睿圣宫，太子赵旉即位。十一日，改元明受，史称“明受之变”“苗刘之变”。兵变讯息传出，张浚、吕颐浩、张俊、韩世忠、刘光世等起兵勤王。苗、刘既慑于在外勤王军的浩大声势，又迫于朝中朱胜非、冯轓等的威胁利诱，同意以高宗复辟换取身家性命的安全。四月一日，高宗复辟。三日，复建炎年号。苗傅、刘正彦率军夜遁。

四月二日，听闻高宗复辟后，赵鼎方进入杭州。次日，张浚因复辟之功升知枢密院事。赵鼎与张浚本为旧识，张浚素知鼎之抱负才能，遂力荐之。四月十日，赵鼎除尚书司勋员外郎。尚书司勋员外郎乃尚书省所领吏部司勋司之副贰，掌功勋、酬奖、审覆、赏格等事，秩正七品[3]。明受之变后，迫于朝野主战压力，高宗从吕颐浩之言，欲暂安身于建康（今江苏南京）。四月下旬，高宗发杭州，赵鼎扈从。五月四日，赵鼎扈从至镇江，方始供职。五月十日，赵鼎扈从至建康。时高宗诏条具防秋事宜，赵鼎遂上疏陈防秋利害，建议高宗设立行都，于战略地带设置重镇，搜罗人才，训练士卒，鼓励士气，以期恢复中原。“鼎言：‘宜以六宫所止为行宫，车驾所止为行在，择精兵以备仪卫，其余兵将分布江、淮，使敌莫测巡幸之定所。’”[4]

宋代党争起于王安石变法之前，到王安石变法时趋于激烈。赵鼎甫出生时，恰逢神宗新法落幕，其后“元祐更化”与“绍圣绍述”党争不断，政令律法亦随之变更，以致纪纲陵夷，军政不修，边备废缺，积弊沉疴，社会矛盾重重。徽宗即位后，更是宠幸蔡京等“六贼”，蔡京集团借新法迫害旧党，蠹国害民，加速了北宋的灭亡。南宋政权于风雨飘摇中建立，须树立学术正统，调和新旧党争，以解决党争内耗，确保政权平稳运作。时久雨多寒，高宗于六月二日召郎官以上官员言己之失，以期收聚人心，感召和气，燮理阴阳。赵鼎乃于翌日上疏请罢王安石配享：“自熙宁间王安石用事，变祖宗之法，而民始病。假辟国之谋，造生边患；兴理财之政，穷困民力；设虚无之学，败坏人才。至崇宁初，蔡京托绍述之名，尽祖安石之政。凡今日之患始于安石，成于蔡京。今安石犹配享庙廷，而京之党未除，时政之阙无大于此。”[5]高宗纳赵鼎之议，罢王安石配享。自此，请罢王安石配享神宗庙庭的争论才开始平息。

六月二十日，赵鼎除左司谏。赵鼎除左司谏制文云：“古者君臣之职，在于听言纳言之间。言

[1]《建炎以来系年要录》卷二〇，第1册第466页。《宋史全文》卷一七上《宋高宗三》，第4册第1117页。

[2]《建炎以来系年要录》卷二〇，第1册第466页。《宋史全文》卷一七上《宋高宗三》，第4册第1117页。

[3]《宋代官制辞典（增补本）》，第221、222页。

[4]《宋史》卷三六〇《赵鼎传》，第32册第11286页。

[5]《宋史》卷三六〇《赵鼎传》，第32册第11286页。

而不从，君任其咎矣；居言责之地而不尽言于其君者，独无愧于其官乎？以尔学问操修，士夫所仰，兹予置尔于七人之列。尔其夙夜罄竭，以报所蒙，毋谓其君不能而蹈古人之戒也。”[1] 左司谏隶门下省，掌规谏朝政阙失、用人不当，并兼弹纠，秩正七品[2]。任左司谏后，赵鼎兢兢业业，恪尽职守，上《论屯兵疏》《论明善恶是非》《乞不指前朝过失状》《愿法太祖仁宗札》《论听纳不讳》《乞措置吏部参选事》《论省部取受》《论役法札》《请核军功疏》《乞劝奖翟兴》《论忧勤中兴疏》《请严三衙之选疏》等数札言事。

七月七日，高宗擢赵鼎为殿中侍御史。赵鼎除殿中侍御史制云：“法吏以纠官邪，谏官以箴主失，二途虽异，委任则均。以尔亮直端方，其言有物，伏蒲未久，厥誉四闻。姑借尔才，重吾宪府。尔其勿惮大吏，知无不言，勿谓当从容议论之余，而不乐抨弹之事也。”[3] 殿中侍御史为言事官，隶御史台殿院，掌言事并兼察事及分纠朝会班序，秩正七品[4]。

宋自太祖立国，鉴陈桥之己事，惩五代之前车，历任帝王皆重文轻武，以防止武将威胁到中央集权。高宗即位于风雨飘摇之际，根基未稳，且内忧外患频繁，对于将权扩张，高宗也只能优容，以为权宜之计。是年四月，韩世忠部将陈彦章与刘光世部将王德起了争端，陈彦章拔刀欲刺王德不中，反被王德所杀。七月，韩世忠讼王德擅杀陈彦章。高宗下诏御史台处理。殿中侍御史赵鼎以为王德按律当为死罪。然高宗以王德平苗刘之变有功，欲行赦免。赵鼎以“德总兵在外，而擅杀不顾，此风一长，其祸有不胜言”[5] 之言谏之，高宗遂将王德编管郴州。

时韩世忠屯兵于蒋山，建康府寓治保宁僧舍。韩世忠逐守臣连南夫，夺建康府治。赵鼎以为连南夫行事缓慢，固然有罪，但韩世忠身为武将驱逐知府更为不当，遂奏请高宗下诏切责韩世忠、罢连南夫。赵鼎的处理方式既使纪纲得振，又使武将知畏，极得高宗赞许。“上曰：‘唐肃宗兴灵武，诸军草创，得一李勉，然后知朝廷尊。今朕得卿，无愧昔人矣。’”[6]

建炎三年（1129）秋，金人再出兵攻宋。金军兵分三路，东路军由左监军完颜昌率领，进攻山东及淮北地区，宋降将刘豫率军随同行动。西路军完颜娄室仍攻陕西。中路由完颜宗弼亲率主力，从应天（今河南商丘）南下进攻江南，以擒获宋高宗为目标。

时高宗从朝臣“多以吴越为便”[7] 之议，于闰八月二十三日离开建康，沿浙西运河后撤。赵鼎扈从高宗于九月至平江。因赵鼎直言敢谏，尽职尽责，为高宗赏识，遂于九月十二日擢为侍御史。本传云：“中丞范宗尹言，故事无自司谏迁殿中者。上曰：‘鼎在言路极举职，所言四十事，已施行三十有六。’遂迁侍御史。”[8] 赵鼎除侍御史制云：“尔材猷敏达，议论坚明，……顷繇谏省，执法殿中，不为义疚而利回，岂以刚吐而柔茹。抨弹既允，裨益居多。其升横榻之严，进贰中司之峻。”[9] 侍御史为言事官，隶御史台台院，为御史台副贰，神宗元丰改制后，位仅次于御

---

[1]（宋）汪藻：《浮溪集》卷八《赵鼎除司谏吕祉除正言制》，中华书局，1985年，第1册第88页。
[2]《宋代官制辞典（增补本）》，第177页。
[3]《浮溪集》卷八《左司谏赵鼎殿中侍御史制》，第1册第88页。
[4]《宋代官制辞典（增补本）》，第420页。
[5]《建炎以来系年要录》卷二五，第2册590页。
[6]《建炎以来系年要录》卷二五，第2册第596页。
[7]《忠正德文集》卷七《建炎笔录》，第1128册第732页。
[8]《宋史》卷三六〇《赵鼎传》，第32册第11286页。
[9]（宋）李正民：《大隐集》卷一《赵鼎侍御史制》，景印文渊阁《四库全书》本，台湾商务印书馆，1985年，第1133册第9、10页。

史中丞，秩从六品[1]。十月初，赵鼎扈从高宗自平江至临安（今浙江杭州）。高宗得闻金军已占领应天、寿春（今安徽凤台）等地，深觉不安，遂逃至越州（今浙江绍兴）。十一月，金中路军完颜宗弼部先后攻陷庐州（今安徽合肥）、和州（今安徽和县）、无为、六合、临江（今江西樟树）、真州等地，于十一月十八日自建康西南之马家渡（在今江苏南京）渡江，长驱而至建康。二十七日，户部尚书李棁与沿江都制置使陈邦光献城出降。高宗遂逃往明州（今浙江宁波）。宰相吕颐浩建议高宗航海避敌。赵鼎亦以为众寡不敌，当航海以避金人之锋，并扈从于高宗左右，深得高宗信任，遂于十二月十日除御史中丞。赵鼎除御史中丞制云："具官操行直方，志气刚大。既洁身而无党，每论事而不回。自总杂端，风节甚峻。属中司之虚位，顾横榻之久专。宜进长于南台，俾澄肃于在列。真卿之当至德，绳治不异于平时；孔纬之在凤翔，造朝独先于百辟。勿以扰攘而废厥职，思于艰难而尽其忠。"[2] 御史中丞为谏官，乃监察机关御史台之实际长官，总判御史台事，掌纠察官邪，肃正纲纪，大事则廷辨，小事则奏弹。御史中丞须由皇帝亲擢，秩从三品[3]。

十二月初，完颜宗弼率兵自溧水（在今江苏南京）趋广德。先后攻陷广德、安吉。十二月十五日，金军攻陷临安。是日，闻临安之报，高宗遂登舟自明州出逃。时高宗仅以三千亲兵扈从，百官大多溃散。"扈从泛海者，宰执外，惟御史中丞赵鼎，右谏议大夫富直柔，权户部侍郎叶份，中书舍人李正民、綦崇礼，太常少卿陈戬六人，而昕夕密卫于舟中者，御营都统制辛企宗兄弟而已。"[4] 赵鼎扈从高宗逃往定海（今浙江镇海）。十七日，有传言谓金使来，高宗不愿面见金使，故下旨留范宗尹、赵鼎、汪藻于明州，以俟金使。因金人所遣使者乃归朝官程晖，且其所携国书语极不逊，赵鼎等遂不奏，很快得旨发回定海，追随高宗而去。

完颜宗弼自临安遣将追袭高宗，进攻越州，知越州李邺于十二月二十四日以城降。二十九日，金兵追至明州城下，为浙东制置使张俊所拒。高宗建炎四年（1130）正月十六日，金军陷明州，旋攻陷定海、昌国（今浙江舟山），以舟师追袭高宗御舟。二十三日，御舟至碕头，风雨大作，金追兵为枢密院提领海船张公裕引大舶击散。高宗距金追舟仅一日之路程，几为所及。

二月二日，高宗至温州江心屿，避居江心寺。赵鼎举荐温州士人吴表臣、林季仲为台谏官。几日后，因见无金人追击而来，高宗遂登岸到州治驻跸。至温州后，赵鼎再荐吴表臣和林季仲。"上极喜，曰：'自渡江，阅三吴士大夫多矣，未尝见此人物，如素宦于朝者，卿可谓知人矣。'"[5] 在温州，赵鼎针对敌退后之形势，上《论修具事宜》《论驻跸戎服》《论畏避苟且欲上下任责》等札子言事。

因金军战线过长，补给不足，短期内无法彻底达成战略目标，完颜宗弼遂于二月绕道平江后撤，三月抵达镇江，为韩世忠扼于黄天荡（在今江苏南京）四十余天。黄天荡之战虽以宋军失败告终，然韩世忠以八千之兵抗敌十万，大挫金军锐气。加之五月十一日岳飞袭金军于静安镇（在

[1]《宋代官制辞典（增补本）》，第419页。
[2]《大隐集》卷一《赵鼎除御史中丞制》，第1133册第10页。
[3]《宋代官制辞典（增补本）》，第417、418页。
[4]《建炎以来系年要录》卷三〇，第2册第692页。
[5]《忠正德文集》卷七《建炎笔录》，第1128册第737页。

今江苏南京)，金兵大败，自此望江色变，不敢轻言过江。

三月四日，高宗下旨欲还建康。赵鼎上《论回跸》，谓朝廷所得探报不确，敌情不明，万一金军回戈，行朝必然危在旦夕，请暂缓行计。高宗从之。三月十八日，赵鼎扈从登舟赴越州。四月二日，扈从至明州。赵鼎上疏言："经营中原当自关中始，经营关中当自蜀始，欲幸蜀当自荆、襄始。吴、越介在一隅，非进取中原之地。荆、襄左顾川、陕，右控湖、湘，而下瞰京、洛，三国所必争。宜以公安为行阙，而屯重兵于襄阳，运江、浙之粟以资川、陕之兵，经营大业，计无出此。"[1] 然高宗不纳。时因亲见金军烧杀掳掠后黎庶涂炭、百业凋敝之惨状，赵鼎遂上《论放商税等事状》，奏请高宗蠲免遭兵祸百姓的赋役差率及竹木、砖瓦、米面之类税收，使百姓营葺生理，经济逐渐得到恢复。

四月十一日，赵鼎扈从至越州。时金兵被困黄天荡，已显穷途末路之势，左相吕颐浩听闻，奏请下诏亲征，高宗纳之，遂于十三日下诏亲征。赵鼎上《论亲征》，谓万一朝廷所得敌退情报不准，金人回戈一击，恐难以应对，又兼当时江西信州（今江西上饶）吃菜事魔教揭竿而起，声势浩大，王瓊溃军方炽，形势错综复杂，而高宗亲征之事关乎社稷存亡，故亲征之事不可轻举。吕颐浩恶赵鼎异己，于十四日改赵鼎为翰林学士。翰林学士秩正三品，专掌大官任命书（制诰）起草，及国书、赦书、德音、大号令等撰述之事[2]。赵鼎以自己不熟谙骈文、不擅长起草诏书为由不就。吕颐浩又改赵鼎吏部尚书。吏部尚书为吏部长官，从二品，总文武百官选试、拟注以及迁授、荫子、叙复等政令[3]。时赵鼎坚卧不出。高宗以为赵鼎刚毅有守，不可罢去。赵鼎除吏部尚书制文云："具官某和裕而靖庄，直方而敦大。立朝正色，折冲允赖于精神；遇事敢言，发愤每披其肝胆。赤墀频对，白简屡闻。载嘉乌府之劳，进陟銮坡之峻。抗章引避，陈义甚高。察其操守之坚，虽力辞于翰苑；亮尔公忠之素，可轻去于朝廷？"[4] 赵鼎又不受命，且率台谏交论吕颐浩之失，疏其过失共千言，吕颐浩遂于二十五日罢相。次日，赵鼎复为御史中丞。高宗极力赞之，谓赵鼎曰："朕每闻前朝忠谏之臣，恨不之识，今于卿见之。"[5]

五月十二日，赵鼎除端明殿学士、签书枢密院事、兼权御营副使。除命下后，赵鼎曾两具札辞免，高宗不允。高宗诏云："卿操术端纯，性资忠鲠，……朕察其用心，既已计从而言听；验之行事，庶克危持而颠扶。肆擢赞于中枢，俾参联于近辅。筹帷画策，方需留侯借箸之忠；叛国寝谋，仰赖汲黯在朝之望。"[6] 又诏云："朕既察其忠诚，虚心开纳，……是用延登廊庙，参秉枢机，……今而摅发猷为，可以大伸其志矣。"[7]

赵鼎新除之签书枢密院事为枢密院副贰，秩从二品，协理枢密院事，佐皇帝掌兵政。枢密院为总理全国军务之最高机构，简称枢府，时其长官称知枢密院事。宋初，循唐、五代之制，置枢

---

[1]《宋史》卷三六〇《赵鼎传》，第32册第11286、11287页。

[2]《宋代官制辞典（增补本）》，第47页。

[3]《宋代官制辞典（增补本）》，第214、215页。

[4]（宋）綦崇礼：《北海集》卷二《朝奉大夫试御史中丞赵鼎可除吏部尚书制》，景印文渊阁《四库全书》本，台湾商务印书馆，1985年，第1134册第538页。

[5]《宋史》卷三六〇《赵鼎传》，第32册第11287页。

[6]《北海集》卷九《赐新除签书枢密院事赵鼎辞免不允诏》，第1134册第585页。

[7]《北海集》卷一七《赐新除端明殿学士签书枢密院事赵鼎上表辞免恩命不允仍断来章批答》，第1134册第635页。

密院，与中书对持文武二柄，号为“二府”。枢密院称西府，掌兵籍、虎符，若得皇帝批准，有调动兵马之权。中央禁军最高指挥机构为“三衙”，乃殿前司、侍卫亲军马军司、侍卫亲军步军司之合称[1]。自太宗朝始，禁军并无统帅，其将领听命于皇帝本人。枢密使有发兵之权而无统兵之重，三衙有统兵之重而无发兵之权[2]。南渡初，因军情紧急，往往由宰相兼任御营使、都督或枢密院长官，枢密院长官职权为御营使及都督侵夺，御营司实为统领全军之最高军事机构，枢密院形同虚设。至此，赵鼎以签书枢密院事兼权御营副使，恢复北宋枢密院管军旧制，枢密院又成最高军事机构，故史云“鼎始检故事举行，以正西府之体”[3]。

除签书枢密院事后，赵鼎劝说高宗恢复班直制度。班直即御前当值的禁卫军，直接负责皇帝宿卫。高宗建炎三年（1129）十二月，高宗逃至明州，议定航海避敌，然因卫士不满而起争执，宰相吕颐浩无法调停。高宗下手诏安抚。待风波暂时平息后，高宗与吕颐浩等密谋，于暗中措置，次日里应外合，擒获作乱之值宿卫士，并将张宝等为首者十七人斩于明州闹市。平定叛乱后，高宗疑惧之心大增，遂下令废除班直制度。还越州后，高宗以御前中军统制辛永宗选兵三百人担任宿卫，然此三百人“皆乌合之众”[4]。时军队多数掌握在将帅手中，唯神武中军为高宗直接控制，然神武中军数量极少，倘有类似苗、刘变乱之事，高宗安全难以保证。经赵鼎劝说，高宗遂恢复班直旧制。

高宗建炎四年（1130）夏，完颜宗弼自黄天荡狼狈出逃后渡江北撤至六合，拟将所掠财货经运河引舟北归，在运河与淮河交汇处的楚州，为宋楚州、泗州、涟水军镇抚使兼知楚州赵立及承州、天长军镇抚使兼知承州薛庆所阻，扼其归路。八月，完颜宗弼与完颜昌谋攻楚州，真州、扬州镇抚使郭仲威闻之，约薛庆共同迎敌。薛庆率军至扬州，然郭仲威临阵爽约，听任薛庆孤军作战。薛庆战败被杀，金兵乘胜攻占扬州、承州（今江苏高邮）。八月中旬，楚州被围，形危势急。赵立遣使请救于朝廷。签书枢密院事赵鼎欲遣神武右军都统制张俊往援楚州，然张俊惧敌怯战，高宗遂令刘光世急速遣兵支援。刘光世亦畏金人之锋，一味迁延应付，赵鼎遂贻书刘光世。八月二十四日，刘光世遣王德、郦琼以轻兵渡江。朝廷虽数下令命刘光世救援楚州，然其畏敌如虎，不仅违诏不遣援兵，反将罪责推诿于岳飞诸人。九月六日，朝廷再诏刘光世、岳飞、赵立等犄角，以逼逐金兵渡淮北走。时完颜昌军围楚州已百余日，赵立奋战益励，敌攻之益甚。完颜昌旋即开始大举进攻，海州、淮阳军镇抚使李彦先率水师进援；岳飞自海陵（今江苏泰州）进至三塾（在今江苏高邮），以寡众不敌不敢进。楚州以被围久，城中粮绝，甚至有屑榆皮而食者，犹悉力坚守，然金军益攻之。九月十七日，赵立阵亡。二十九日，楚州城破。赵鼎以楚州之失，上章求去。时高宗欲除辛企宗节度使，赵鼎以为辛企宗非军功，忤高宗意，于十一月五日罢职奉祠。赵鼎罢签书枢密院事制云：“具官赵鼎志虑刚明，气资宏博。……遂参管于兵机，实联荣于政路。边氛未静，智略毕陈。每殚夙夜之勤，靡爽节宣之适。虽入陪宥密，固有待于壮猷；而退即燕间，宜勉

[1]《宋代官制辞典（增补本）》，第438页。
[2]《宋史》卷一六二《职官志二》，第12册第3797~3799页。
[3]《建炎以来系年要录》卷三三，第2册第761页。
[4]《建炎以来系年要录》卷三三，第2册第765页。

从于雅尚。奉列仙之馆御，仍秘殿之宠名。情厚臣邻，不赞优贤之礼；义均出处，毋忘辰告之忠。”[1]

四　隐居常山

高宗建炎四年（1130）冬，赵鼎自临安沿水路出钱塘江南下，途经富阳、桐庐，过建德，自建德向南沿兰溪水至兰溪，再顺兰溪水西行至衢州，自衢州向西九十里至常山。常山“居浙上游，水陆交冲，土瘠赋重，疲敝甲海内”[2]，其地“山多田少。耕作之家，终岁勤劳，不过给仰事俯育之资。倘遇旱干，岁收一歉，即向邻境运籴，或补种黄粟杂粮以济之。至于深山穷谷，则专种苞粟，以充一岁之粮。常地土燥，不产柔桑，故蚕事不载。……棉花向不多植”[3]。远离战火之地并非只有常山，且常山并不富庶，然赵鼎毅然选择寓居常山，除了其地风景秀丽、民风淳朴，主要原因应是其挚友、姻亲范冲当时也寓居于常山。范冲乃范祖禹子，范祖禹乃旧党领袖人物吕公著之婿，亦为旧党之中坚派。范祖禹为其叔祖范镇抚育成人，与富弼、邵雍、二程、司马光等皆有交游，且自称为司马光门生，曾助司马光编修《资治通鉴》，又有女嫁司马康之子司马植。司马康又与赵鼎师邵伯温交好。范祖禹因于哲宗元祐年间修《神宗实录》尽书王安石之过，为王安石之婿蔡卞所恶，一贬再贬，卒于化州。身为元祐故家子弟，范冲以为“王安石自任己见，非毁前人，尽变祖宗法度，上误神宗皇帝。天下之乱，实兆于安石”[4]，这与赵鼎政治立场相同。赵鼎对策即斥章惇误国，又谓“凡今日之患始于安石，成于蔡京”[5]，上疏请罢王安石配享，且重伊川程颐之学，擢用元祐党籍子孙。二人可谓意气相投，惺惺相惜。

时赵鼎在常山置办产业，安置家人于彼，且以前执政的身份领宫观，每月约有钱五十贯、米七石、面十石、羊十口、马五匹和从人十名[6]，与之前诗作中常感慨穷困潦倒的境遇有云泥之别。从高宗建炎四年（1130）十一月至高宗绍兴二年（1132）十月，赵鼎暂时远离宦海风波，亦无须辗转逃亡，在浙西的青山碧水间与酒朋诗侣络绎往来，悠游自在，尽享家人团聚之乐、山林隐逸之趣。常山成为赵鼎的第二故乡，更是其返璞归真的心灵栖息地。在隐居常山的近两年时间里，赵鼎创作了大量诗歌，今存且大致考订为此时所作者，有诗59首、词11首。诗即《全宋诗》卷一六四四、一六四五所录《还家示诸幼》、《还家》、《大雪连日不已》、《雪中与洙辈饮》、《雪晴东轩独坐》、《长沙倅刘元举寄示参议伯山酬唱之什因亦次韵二首》、《暮春》、《次张真君韵》、《东轩即事二首》、《越土水浅易涸而近山无木可采故常有薪水之忧既归黄冈遂脱此责作诗示同舍》、《中秋呈元长》（二首）、《九日晚坐独酌一杯》、《有送生鸠者放之使去》、《至宿闻陆昭中病

[1]（宋）徐自明撰、王瑞来校补：《宋宰辅编年录校补》卷一四《建炎四年》，中华书局，1986年，第3册第958页。
[2]（清）李瑞钟修辑：光绪《常山县志》卷首《序》（清常山县令王明道撰），见《衢州历史文献集成》编纂委员会编《衢州历史文献集成·方志专辑》，中华书局，2009年，第13册第12页。
[3] 光绪《常山县志》卷二一《风俗总序》，见《衢州历史文献集成·方志专辑》，第13册第253页。
[4]《建炎以来系年要录》卷七九，第4册第1487页。
[5]《宋史》卷三六〇《赵鼎传》，第32册第11286页。
[6] 柳立言：《从赵鼎〈家训笔录〉看南宋浙东的一个士大夫家族》，见《宋代的家庭和法律》，上海古籍出版社，2008年，第166页。

痞》、《示陆昭中》、《山中书事》、《三衢多碧轩》、《道堂》、《赠普照监院（陕人也）》、《次韵富季申寄示》、《岁晏感怀》（二首）、《和倅车韵》（二首）、《次韵元长观梅三首》、《元长谒仲长彦文赠以樽酒》、《彦文携玉友见过出示致道小诗因次其韵》（三首）、《谢人惠麦穗》、《中秋醉后》、《中秋夜清坐读欧阳公〈正统论〉二首》、《九日置酒坐上呈元长》、《正月十八日枕上》、《和通守王元美二绝句》、《老媪折山樱一枝观其开落》、《无题》、《再书一绝》、《独坐东轩》、《和元长书怀二首》、《再用前韵示范六》、《次韵酬赠元长少卿》、《六月十三日书呈元长》、《范元长寄示刘野夫满庭芳曲因用其语戏呈》、《夜坐》、《用元长韵赠空老》、《山居次韵止老》、《再用花字韵示止老二首》、《次韵止老见赠》、《独往亭》。词即《全宋词》所录《醉蓬莱·庆寿》《双翠羽·三月十三日夜饮南园作（旧名念奴娇）》、《小重山》、《减字木兰花·和倅车韵（倅将还阙，因以送之）》、《好事近·倅车还阙，分得茶词》、《好事近·雪中携酒过元长》（四首）、《少年游·山中送春》、《乌夜啼》。

赵鼎隐居常山期间，与范冲、永年寺僧止空及魏矼等多有唱和。

赵鼎与范冲唱和之作有《中秋呈元长》《次韵元长观梅三首》《和元长书怀二首》《再用前韵示范六》《次韵酬赠元长少卿》《六月十三日书呈元长》《范元长寄示刘野夫满庭芳曲因用其语戏呈》《夜坐》等诗。其中，赵鼎《次韵元长观梅三首》诗其一："曳杖山间自探春，雨余梅意已清新。兵戎草草伤沦落，一醉花前有几人。"其二："种柳栽花旧惜春，不知春色为谁新。年年青眼樽前客，只有寒梅是故人。"其三："归来醉捻一枝春，照影凉蟾过雨新。不似霸陵愁醉尉，穿云渡水寂无人。"[1] 范冲《久阴初晴奉陪宫使枢密观梅诗帖》和诗云："扫尽阴氛尽见春，荒山风物一时新。谪仙自是和羹手，聊与梅花作主人。"[2] 又，赵鼎《夜坐》诗云："寺楼钟断锁长廊，谁共萧斋一炷香。书册自能留久坐，灯花还解劝余觞。风回绝壑沉虚籁，雨入幽林送嫩凉。老懒由来贪睡美，秋衾不怕夜初长。"[3] 范冲有《次赵元镇韵》和之："陨叶琤琤夜响廊，飘来桂子得余香。生涯何日成三径，世味而今付一觞。时雨不妨惊梦断，秋风又喜著新凉。期公剩费七百斛，且乐人间意味长。"[4]

赵鼎又有《山居次韵止老》《再用花字韵示止老二首》《次韵止老见赠》等与止空唱和。

赵鼎《用元长韵赠空老》诗为其与范冲、止空、魏矼三人唱和之作，诗云："虚怀无地著纤尘，独鹤孤云寄此身。琴发清弹庐阜月，诗探妙意武林春。少陵深契赞公语，惠远能知陶令真。扰扰今谁同此趣，容车山下两闲人。"[5] 范冲以《赠永平寺僧了空》和之："几回飞锡入红尘，一任随缘自在身。琢句不妨明日用，援琴谁与听阳春。扬眉瞬目如相委，捧腹狂歌即是真。汤饼藜羹奉朝夕，自怜担板小乘人。"[6] 魏矼和《次韵赠了空》诗云："山河大地等微尘，岂向尘中

---

[1]（宋）赵鼎：《次韵元长观梅三首》，见《全宋诗》卷一六四五，第28册第18427页。

[2]（宋）岳珂：《宝真斋法书赞》卷二三《范元长观梅诗帖》，中华书局，1985年，第3册第348页。按：《范元长观梅诗帖》原注"行书七行"。

[3]（宋）赵鼎：《夜坐》，见《全宋诗》卷一六四四，第28册第18410页。

[4]（明）傅良言修、（明）詹莱纂：万历《常山县志》卷一三《流寓》，见常山县地方志编纂委员会编《常山旧志集成》，中华书局，2012年，第1册第249页。

[5]（宋）赵鼎：《用元长韵赠空老》，见《全宋诗》卷一六四四，第28册第18409页。

[6]（宋）范冲：《赠永平寺僧了空》，见《全宋诗》卷一三〇一，第22册第14755、14756页。按："永平寺"当为"永年寺"之误。

认色身？沤没沤生俱是妄，花开花落几经春。鸣琴对客意何古，破衲蒙头乐最真。平日远公能禁酒，不妨去作社中人。”[1] 后人曾将赵鼎、魏矼、范冲三人唱和之作辑为《三贤唱和诗》，亦曾在常山建三贤堂祀此三人，然书与堂今皆不存。

赵鼎曾在常山黄冈山建独往亭，作《独往亭》诗云：“亭前旧种碧琅玕，别后何人著眼看？山下溪流接潮水，时凭双鲤报平安。”[2] 张浚亦有《独往亭》诗：“九州何日息烟尘，聊结新亭契我心。祗恐马头关陇去，却辜风月伴高吟。”[3] 沈与求《独往亭》诗云：“林下何人伴岁寒？亭前相对小檀栾。年来闻道烟梢长，乞与衰翁把钓竿。”[4] 又，林季仲有《寄题赵丞相独往亭诗》：“海内英豪还有谁，宁容丘壑著皋夔。欲知今日中兴业，已定黄冈独往时。谢傅本无朱组愿，留侯应念赤松期。更须整顿乾坤了，我亦芒鞋随所之。”[5] 吕本中、张嵲、黄彦平分别有《题宫使赵枢密独往亭》《寄题赵丞相独往亭》《赵丞相黄冈独往亭》诸诗题咏。

隐居常山期间，与赵鼎交游者，除前文所言范冲、止空、魏矼、张浚、沈与求、吕本中、林季仲、黄彦平，尚有李光、喻樗、江纬、江袤及江氏门人程俱等。

五　出知洪州

高宗绍兴二年（1132）十月二十一日，赵鼎除知平江府，时吕颐浩再相，赵鼎两辞不获，道改江东安抚大使、兼知建康府。十二月，赵鼎至建康视事。“时参知政事、权同都督江淮荆浙诸军事孟庾，太尉、江南东西路宣抚使韩世忠皆驻军府中，军中多招安强寇。鼎为二府，素有刚正之风，庾、世忠皆加礼，两军肃然知惧。民既安堵，商贾通行焉。”[6]

绍兴三年（1133）三月，赵鼎除江南西路安抚大使、兼知洪州。九月，除江南西路安抚制置大使、兼知洪州。在洪州（今江西南昌）任职期间，赵鼎勤政爱民，积极经理措置，上《乞免上供纸》，谓洪州历遭兵祸，乞朝廷蠲免上供纸；上《乞下邻路防托虔寇》，乞令岳飞量留军马于虔州（今江西赣州）、吉州（今江西吉安）等地，以防“虔寇”复行啸聚；上《措置防秋事宜》，积极措置江南西路防秋事宜；上《奏乞节制岳飞状》，奏乞节制岳飞；上《乞支降岳飞军马钱粮状》，为岳飞军请拨钱粮；上《请支吉州榷货务见钱造战船粮船书》，请支钱打造战船、粮船。赵鼎又上奏论舒（今安徽潜山）、蕲（今湖北蕲春）、黄（今湖北黄冈）三州先后分别隶属江南西路、江州沿江安抚司、淮西安抚司节制，又以舒、蕲二州听岳飞节制，三州受四司节制，号令无所适从。朝廷遂以舒、蕲州隶岳飞，黄州隶王瓔节制。

早在二年（1132）冬，襄阳府、邓州、随州、郢州镇抚使兼知襄阳府李横率部在兵少粮乏、

[1] 光绪《常山县志》卷六八《艺文志·诗赋上》，见《衢州历史文献集成·方志专辑》，第14册第959页。
[2]（清）孔毓玑修辑：雍正《常山县志》卷一〇下《艺文志·诗部》，见常山县地方志编纂委员会编《常山旧志集成》，中华书局，2012年，第3册第442页。
[3] 雍正《常山县志》卷一〇下《艺文志·诗部》，见《常山旧志集成》，第3册第442页。
[4] 雍正《常山县志》卷一〇下《艺文志·诗部》，见《常山旧志集成》，第3册第443页。
[5]（宋）林季仲：《竹轩杂著》卷二，景印文渊阁《四库全书》本，台湾商务印书馆，1985年，第1140册第323页。
[6]《建炎以来系年要录》卷六一，第3册第1214页。

装备颇差之情况下，获坚守伊阳凤牛山寨（在今河南嵩县）之权河南镇府使翟琮配合，得伪齐将领牛皋、董先、张玘等投诚，先后克复汝州、颍昌（今河南许昌）、信阳，至绍兴三年（1133）初，所得之地“东至郑州，西至京兆，南涉伪境，北临大河”[1]。三月间，李横等在开封城西北牟驼冈为金完颜宗弼及李成所率伪齐军击溃。因朝廷对“群盗”出身的李横并不信任，高宗惧怕李横进兵会使金与伪齐反攻，遂命刘光世遣统制官郦琼等以万人屯泗州，稍后又以淮南东、西路宣抚使韩世忠军代替刘光世部进屯泗州。然此二人之“声援”，实则皆按兵不动，坐观成败。赵鼎以为襄阳当川、陕襟喉之地，朝廷以李横为襄阳府路镇抚使以守御之诚为得策。然李横所部为“乌合之众”[2]，且时李横军中衣食缺乏，朝廷当不时资给，使李横衣粮足备，才能使其部养锐待敌。赵鼎先后上《奏乞应副李横状》《乞拨米应副襄阳李横军马状》《乞支钱粮赡给李横军兵》等札子奏请朝廷支援李横。然在金与伪齐的反击下，李横军一再溃败。十月，李横渡江进入洪州，翟琮、董先、牛皋、李道各部亦相继撤退到洪州，依附于赵鼎。虢州（今河南灵宝）、邓州、襄阳、唐州（今河南唐河）、随州、郢州（今湖北钟祥）等地复又失陷。十二月，宋廷命李横、翟琮、董先、牛皋、李道等所部隶驻扎于江州（今江西九江）的岳飞节制。次年春，李横、翟琮等随赵鼎赴临安，高宗接见后，在赵鼎和岳飞的往返交涉下，命李横、翟琮两部共一万五千人并入张俊部，董先、牛皋、李道部归岳飞统率。自此，牛皋、李道等成为岳飞麾下骁将。

六　首次拜相

赵鼎在江西治郡有方，束吏爱民，政绩显著，遂于高宗绍兴四年（1134）正月被召回朝廷。高宗召赵鼎赴行在诏云：“政洽群情，军民各得其所；威闻四境，盗贼不窥其封。惟显绩之既彰，知远猷之可赖，肆更召节，趣奉覲圭。”[3] 三月八日，赵鼎除参知政事。赵鼎除参知政事制云：“具官赵鼎貌庄而气和，心夷而度远，……折冲建业，固近辅之藩篱；作屏豫章，控上游之襟带。诸将愿趋其节制，四方耸慕其威名。”[4] 除参知政事后，高宗命赵鼎举荐人才，赵鼎即以王居正、吕祉、董弅、林季仲、陈橐、朱震、范同、吕本中等上之。

自高宗绍兴三年（1133）冬伪齐李成陷长江中游之战略要地襄阳六郡后，宋之川、陕路绝，湖、湘不安，长江防线缺口大开，直接威胁到南宋政权。赵鼎在江南西路安抚制置大使任上曾与岳飞共事，知其有力图恢复之志，故于四年（1134）四月举荐岳飞出兵收复襄阳。本传云：“宰相朱胜非言：‘襄阳国之上流，不可不急取。’上问：‘岳飞可使否？’鼎曰：‘知上流利害无如飞者。’”[5] 其后，赵鼎上《乞遣中使训谕诸帅应援》《乞赐岳飞亲笔》等札子，请高宗诏监司、帅守饷岳飞军无阙及亲笔赐岳飞，勉以尽忠体国之义，以示激励。五月初，岳飞率军自鄂州（今

[1]《建炎以来系年要录》卷六五，第3册第1276页。

[2]《忠正德文集》卷二《奏乞应副李横状》，第1128册第655页。（宋）熊克：《中兴小纪》卷一四，福建人民出版社，1985年，第179页。《建炎以来系年要录》卷六五，第3册第1274页。《宋史》卷三六〇《赵鼎传》，第32册第11287页。

[3]《北海集》卷八《赐端明殿学士左朝奉大夫江南西路安抚大使兼知洪州赵鼎赴行在诏》，第1134册第575页。

[4]《宋宰辅编年录校补》卷一五《绍兴四年》，第3册第994、995页。

[5]《宋史》卷三六〇《赵鼎传》，第32册第11287页。

湖北武汉）渡江北上，于五日收复郢州。随后，岳飞兵分两路，张宪、徐庆领兵东向去攻随州，岳飞亲率大军直趋襄阳，寻收复襄阳。六月，在牛皋增援之下，张宪、徐庆攻克随州。岳飞收复襄阳等六郡乃是南宋首次收复大片失地，亦是南宋立国八年以来局部反攻的大胜利。

川陕地区是南宋重要战略区域，乃南宋防御金军入侵之重要防线，亦为长江中下游荆湖及两淮地区之屏障。自高宗绍兴四年（1134）二月张浚被召归后，言者数上章，谓川陕地区若无执政之帅必失两蜀。高宗遂以赵鼎替代张浚，于八月三日除赵鼎知枢密院事，充川陕宣抚处置使，负责长江上游防务。赵鼎以非才请辞，高宗曰："四川全盛，半天下之地，尽以付卿，卿以便宜黜陟，专之可也。"[1] 时吴玠为川陕宣抚处置副使，赵鼎以为正使之名恐难节制吴玠，高宗遂改赵鼎为都督川、陕、荆、襄诸军事。赵鼎受命后，开都督府治事，准备入蜀事宜，上《奏乞参酌吕颐浩等申请指挥状》《条具宣抚处置使司画一利便状》《督府申请援乞降诏旨并录赐张浚诏书缴进》《论防边第一疏》《论防边第二疏》《乞降指挥桩管粮食状》《乞降旨乘载辎重老小船并合逐军自行备办状》诸札子，且举荐耿自求、折彦质、熊彦诗、喻樗、王居修、马扩等为都督府属员。时赵鼎极富人望，"除命既出，诸名士争愿从之"[2]。

时宰相朱胜非与赵鼎不和，于军需支请加以刁难。本传云："鼎上疏言：'顷张浚出使川、陕，国势百倍于今。浚有补天浴日之功，陛下有砺山带河之誓，君臣相信，古今无二，而终致物议，以被窜逐。今臣无浚之功而当其任，远去朝廷，其能免于纷纷乎？'又言：'臣所请兵不满数千，半皆老弱，所赍金帛至微，荐举之人除命甫下，弹墨已行。臣日侍宸衷，所陈已艰难，况在万里之外乎？'"[3] 朱胜非与赵鼎参商不和，如同冰炭，在其所著《秀水闲居录》中谓赵鼎"干没都督钱十七万缗，窃用激赏库钱七十余万缗，掩有临安府什物三千余件"[4]。然李心传以为"胜非所云恐失其实"[5]。清人杨希闵对朱胜非《秀水闲居录》诋毁李纲、赵鼎极为愤慨，曾云："朱氏所言，全是小人不恤国事、诬罔君子之私意。……此种书直当烧毁，无益世道人心，徒乱是非黑白也。"[6] 高宗绍兴十年（1140），言官王次翁弹劾赵鼎盗用官钱"十七万缗"[7]。赵鼎晚年谪居吉阳时曾作《辩诬笔录》辩之。

然赵鼎尚未及赴蜀，宋金战事又起变化。金廷曾于高宗建炎四年（1130）立宋降臣刘豫为帝，国号大齐，将京东、京西等路划归伪齐，意图"以汉制汉"。然伪齐自成立至高宗绍兴四年（1134）始终未曾达成金人所愿。宋廷之"弹性外交"加之岳飞收复襄阳六郡之事，使刘豫倍感不安，遂纳其臣罗诱《南征议》，遣使向金人乞师，企图一举灭宋。绍兴四年（1134）九月二十六日，金及伪齐联军分道渡淮河南下。宋廷得报，举朝震恐，群臣惶惑无定。赵鼎判断敌众虽盛，但此次金人乃刘豫所邀，并非出其本意，必不会拼死力战，且刘豫乃宋之叛臣，于道义有亏，故

[1]《建炎以来系年要录》卷七九，第4册第1489页。

[2]《中兴小纪》卷一六引朱胜非《秀水闲居录》，第205页。《建炎以来系年要录》卷七九，第4册第1489页。《宋宰辅编年录校补》卷一五《绍兴四年》，第3册第1000页。《宋史全文》卷一九上《宋高宗七》，第5册第1356页。

[3]《宋史》卷三六〇《赵鼎传》，第32册第11288页。

[4]（宋）徐梦莘：《三朝北盟会编》卷二一六，上海古籍出版社，2019年，下册第1557页。《建炎以来系年要录》卷一三六，作"都督府钱"，第6册第2557页。

[5]《建炎以来系年要录》卷一三六，第6册第2557页。

[6]（清）杨希闵：《李忠定公年谱》，见北京图书馆编《北京图书馆藏珍本年谱丛刊》，北京图书馆出版社，1999年，第22册第94页。

[7]《中兴小纪》卷二八，第335页。《建炎以来系年要录》卷一三六，第6册第2557页。《宋史》卷三六〇《赵鼎传》，第32册第11294页。

金与伪齐皆不足畏。高宗遂于九月二十七日拜赵鼎为右相，以主持战御大计。赵鼎除右相制云："具官赵鼎宏毅而直方，纯明而笃实。学际天人之赜，资兼文武之全。以道事君，有中立无朋之操；以忠徇国，有任重不挠之风。……式遄政事之归，实倚邦国之济。作三军而谋帅，方需督制之能；宅百揆以亮工，尤重本根之势"[1]。赵鼎命相"制下，朝士动色相庆"[2]。

时金、伪齐联军来势汹汹，宋廷又一次面临存亡危机。在议论纷纭、莫衷一是之际，甚至有臣僚以为当流亡他去。赵鼎则以为金与伪齐俱来，此时朝廷已无他途，唯有奋力一搏，才能激励士气、鼓舞人心、稳固政权。赵鼎集中朝士群僚、内廷宦官及统兵大将三方势力意见，使之团结一致，共践高宗御驾亲征、与敌决战的主张。对于决策者高宗，赵鼎力坚其意，以确保将士用命、朝野奋发。"而朝士中尚有怀疑者，或见赵鼎曰：'兹事甚大，公更审处，无贻后悔。'鼎不答。……鼎复奏曰：'今日侍从、台谏皆对，必及亲征事，愿勿为群议所移。'上意益坚"[3]。赵鼎遂以韩世忠守扬州，命张俊以所部往援韩世忠，又令刘光世移军建康，并遣签书枢密院事胡松年前往建康视师。

赵鼎又于危局中力荐马扩与张浚。赵鼎以为张浚可当大事，"顾今执政，无如浚者"[4]。高宗纳赵鼎之言，下手诏召张浚。十月八日，张浚除万寿观使、兼侍读。十一月十四日，张浚除知枢密院事，旋即赴镇江视师。"时兀术（完颜宗弼）拥兵十万于扬州，约日渡江决战。浚长驱临江，召韩世忠、张俊、刘光世议事。将士见浚，勇气十倍。浚既部分诸将，身留镇江节度之。世忠遣麾下王愈诣兀术约战，且言张枢密已在镇江。兀术曰：'张枢密贬岭南，何得乃在此？'愈出浚所下文书示之。兀术色变，夕遁。"[5]

经由宋廷措置得宜，局势稍得转危为安，十月十三日，韩世忠在大仪镇（在今江苏扬州）破金军前锋，即史称"大仪之捷"。十四日，金之另路前军下承州者，亦为韩世忠部统制解元所败。金军在大仪、承州之前军均告小挫后乃转攻淮西，于十月十四日围攻濠州（今安徽凤阳），二十一日陷濠州。十一月十三日，金兵自濠州攻陷滁州。高宗遂命各军加强沿江防备，于是韩世忠退军镇江，刘光世移军建康，张俊移屯常州，以卫平江行在。又命行宫留守司中军统制王进将所部屯泰州，防托通、泰，应援淮东水寨。

时宋廷之外交策略亦颇成功。高宗于十一月七日首次下诏声讨刘豫之罪，以刘豫为大逆不道之叛臣，且谓此次战役是为道义而战，乃君臣关系拨乱反正之诛伐行为[6]。十二月中旬，金增兵复犯淮右，十八日进逼庐州。知庐州仇悆求救于湖北制置使岳飞，岳飞遣牛皋、徐庆率兵增援，遂败金军。至十二月下旬，雨雪交加，金粮道不通，供给困难，野无所掠，甚至于杀马而食，诸军怨愤。时忽闻金太宗病笃之报，完颜宗弼等乃乘夜引军北还。刘麟、刘猊得金退兵之报，亦弃

---

[1]《宋宰辅编年录校补》卷一五《绍兴四年》，第3册第999、1000页。

[2]《建炎以来系年要录》卷八〇，第4册第1519页。《宋史全文》卷一九上《宋高宗七》，第5册第1360页。（宋）李幼武：《宋名臣言行录》别集下卷四《赵鼎》，作"朝士相庆"，景印文渊阁《四库全书》本，台湾商务印书馆，1984年，第449册第550页。

[3]《中兴小纪》卷一七，第211页。

[4]《中兴小纪》卷一七，第216页。《建炎以来系年要录》卷八一，第4册第1528页。《宋名臣言行录》别集下卷四《赵鼎》，第449册第551页。《宋宰辅编年录校补》卷一五《绍兴五年》，第3册第1002页。

[5]《宋史》卷三六一《张浚传》，第32册第11302、11303页。

[6]〔日〕寺地遵著，刘静贞、李今芸译：《南宋初期政治史研究》，复旦大学出版社，2017年，第98页。

辎重逃遁。此次拒敌成功，乃是宋室南渡以来首次击退敌军大规模入侵，宋军由此信心大振，甚至有朝臣以为可以进军中原，收复失地，迎还二圣。此次金与伪齐联军北归后，直至高宗绍兴十年（1140）之前，未再对宋大肆用兵。

高宗绍兴五年（1135）二月，赵鼎扈从高宗至临安。同月十二日，赵鼎拜左相。赵鼎除左相制云："奉革辂以徂征，专筹帷而赞画。运奇兵于尊俎，收胜算于庙堂。内则绥靖域中，与之按堵；外则号令诸将，听其指踪。谈笑折冲，措社稷于覆盂之固；从容制敌，驱犬羊于折棰之难。"[1] 同日，张浚拜右相。赵鼎与张浚本为旧识，早年在汴京时就曾意气相投。南渡之后，在国步维艰之时，二人彼此提携，互相勉励，为国尽忠。赵鼎、张浚并相后，鼎居中总政，浚出外视师，表里相应，同志辅治，政治较为清明，时号"小元祐"。吕中甚至以为："中兴之功所以垂成者，张、赵之势合也。中兴之功所以随坏者，张、赵之隙开也。"[2]

经过数年围剿与招安，到高宗绍兴四年、五年时，南宋境内的各类游寇与变乱势力已渐次平定，宋廷在对抗金、伪齐形势上转趋有利。时"湖贼"杨么拥众于湖、湘地区，控制长江中游，阻断东南与川、陕及荆、襄交通，成为宋廷心腹大患，然朝廷屡攻不克。张浚以为："建康东南都会，而洞庭实据上流，今寇日滋，壅遏漕运，格塞形势，为腹心害，不先去之，无以立国。"[3] 时张浚以右相兼知枢密院事、都督诸路军马，乃除岳飞荆湖南北、襄阳府路制置使，充神武后军都统制，负责平杨么事宜，且奏乞亲赴潭州（今湖南长沙）督师。四月，岳飞抵达湖南，用政治诱降为主、军事镇压为辅之策略展开行动。五月，张浚赴潭州督师。六月中旬，"湖寇悉平"[4]，岳飞得胜班师。赵鼎《乙卯秋闻右相平杨么作绝句寄之》云："一扫湖湘氛祲消，坐令愁叹变歌谣。何当早驾风帆下，来看钱塘八月潮。"[5]

自高宗建炎三年（1129）七月皇子赵旉夭折后，高宗再无子嗣，其后每有建言选太祖宗子入宫备储者。高宗绍兴二年（1132）五月，高宗选太祖后裔秀王子偁子伯琮入宫，由婕妤张氏抚养。三年（1133）二月，除伯琮和州防御使，赐名瑗。四年（1134）五月，又选太祖后裔子彦子伯玖，由才人吴氏抚养。五年（1135）二月赵鼎拜相后，即在行宫内建资善堂。五月二十六日，高宗以赵瑗为保庆军节度使、建国公，范冲任侍讲、资善堂翊善，朱震兼资善堂赞读。范冲、朱震皆为赵鼎所荐，范冲"德行文学，为时正人"[6]，朱震"学术深博，廉正守道"[7]，时朝论谓二人极天下之选。然此事后亦成为政敌诬陷赵鼎之口实。十四年（1144）九月，秦桧嗾使御史中丞詹大方论赵鼎"辅政累年，不顾国事，邪谋密计，深不可测。与范冲辈咸怀异意，以徼无妄之福"[8]。

自高宗绍兴五年（1135）二月起，赵鼎以左相监修国史，着手重修《神宗实录》。《神宗实录》记录宋神宗赵顼（1068~1085年在位）一朝政事，因涉及对王安石变法之评价及对元祐党人

[1]《宋宰辅编年录校补》卷一五《绍兴五年》，第3册第1003页。

[2]《宋史全文》卷二〇中《宋高宗十一》引吕中《中兴大事记》，第5册第1550页。

[3]《建炎以来系年要录》卷八六，第4册第1643页。

[4]《建炎以来系年要录》卷九〇，第4册第1738页。《宋史全文》卷一九中《宋高宗八》，第5册第1416页。

[5]（宋）赵鼎：《乙卯秋闻右相平杨么作绝句寄之》，见《全宋诗》卷一六四五，第28册第18428页。

[6]《宋史》卷四三五《范冲传》，第37册第12906页。

[7]《宋史》卷四三五《朱震传》，第37册第12907页。

[8]《建炎以来系年要录》卷一五二，第6册第2875页。按：此处原文作"范仲"，今据文意改。

之论定，《神宗实录》在新旧党轮番执政过程中被反复纂修。第一次纂修始于哲宗元祐元年（1086），元祐六年（1091）修成，由范祖禹等保守派史官修撰，史称“墨本”、“元祐本”或“初修本”。第二次纂修在哲宗绍圣元年至三年（1094～1096），此本出自变法派官员曾布等之手，史称“朱墨本”。第三次纂修始于徽宗建中靖国元年（1101），然此次纂修很快为徽宗下诏中止，未有成书。高宗建炎四年（1130）十二月，孟太后向高宗进言，认为《神宗实录》对宣仁太后评论不公，当重新修订。高宗遂决定再次重修，以赵鼎为监修，范冲为修撰。此次重修始于高宗绍兴四年（1134）三月，五年（1135）九月，史馆先进呈五十卷。六年（1136）正月成书，再上一百五十卷。此次重修以朱、墨、黄三书格式，“旧文以墨，新修以朱，删出以黄”[1]。范冲又别为《〈神宗实录〉考异》五卷，明著是非去取之意。修史完成后，高宗亲书“忠正德文”四字赐赵鼎，又以御书《尚书》一帙赐赵鼎，以示恩宠。“忠正德文”四字后为赵鼎文集之名。

高宗绍兴五年（1135）八月，宋廷得探报，谓金人又将南侵。张浚以为临安僻居一隅，不利于恢复大计，力主高宗巡幸建康，高宗遂于八月九日下诏巡幸。伪齐刘豫向金求援不果后，乃于九月签军三十万，号称七十万，由刘麟、刘猊、孔彦舟等统率，分三路南侵：刘麟率中路军，由寿春进攻庐州；刘猊率东路军，由紫金山（在今安徽凤台）出涡口（在今安徽怀远）进攻定远；孔彦舟率西路军，由光州（今河南潢川）进攻六安。时淮东有韩世忠驻楚州、杨沂中驻泗州、张俊驻盱眙，三人于洪泽湖沿岸前后呼应，西有岳飞驻鄂州。然东西之间，即淮河以南的辽阔淮西防区，由骄惰不肃、军纪涣散的刘光世部负责。刘光世遣轻骑进据庐州，故朝廷甚以为忧。

时张俊、刘光世皆夸大敌势，请求增兵。刘光世奏称庐州难守，且秘密干谒赵鼎，欲退回太平州（今安徽当涂）。刘猊率东路军至淮东，在承州、楚州为韩世忠兵所阻，不敢进，复还顺昌（今安徽阜阳），谋转攻定远，经滁州以攻建康。十月三日，刘麟进兵淮西，张俊遣杨沂中、张宗颜等分兵御之。十月四日，杨沂中至濠州，时刘光世已弃庐州南退。张浚遣人督刘光世复还，刘光世不得已，与杨沂中相应，遣统制官王德、郦琼迎战，二将皆击败伪齐军。十月十日，刘猊至定远，杨沂中进战，大败刘猊于藕塘（在今安徽定远），刘猊遂以数骑遁去。中路军刘麟在顺昌闻之，亦拔寨退兵。西路军孔彦舟闻刘猊败退，亦解光州之围仓皇退兵。

淮西一役，宋军将士确保了淮南防线，也奠立了中兴形势。此役胜负之关键，乃是张浚始终坚持防淮进取策略，且亲自督战，措置得宜。高宗亦赞张浚：“却敌之功，尽出右相之力。”[2] 然而，自并相以来，张浚与赵鼎治国方略诸多睽异，相较而言，张浚力图进取，赵鼎保守持重，当时二人主要分歧有三：在高宗驻跸之地上，张浚奏请高宗幸建康，赵鼎与折彦质则建议驻跸临安；张浚以为应当乘胜消灭伪齐，但赵鼎以为灭伪齐容易，倘若金人乘机大举来攻，恐怕无力招架；张浚认为刘光世骄惰不战，当罢其军柄，但赵鼎以为刘光世累世为将，军中关系盘根错节，轻易罢免，恐难免后患。加之二人门客往来其间，互相攻讦，张浚门下甚至有作诗赋嘲讽赵鼎者。赵鼎自觉难与张浚同事，遂求去。高宗亦以为“卿与张浚终难同立朝也”[3]。十二月九日，赵鼎出

[1]《建炎以来系年要录》卷九三，第4册第1785页。《宋名臣言行录》别集下卷四《赵鼎》，第449册第554页。《宋史全文》卷一九中《宋高宗八》，第5册第1423页。

[2]《宋史全文》卷一九下《宋高宗九》，第5册第1474页。

[3]《忠正德文集》卷八《丁巳笔录》，第1128册第752页。

知绍兴府。赵鼎罢左相制云："具官赵鼎惇厚以有容，静重而不挠。金石弗移于燥湿，盐梅交致于和平。粤惟入辅之初，密赞亲征之议。力与同德，共济多虞。协股肱心膂之为，张貔虎熊罴之气。之纲之纪，分吾宵旰之忧；我陵我阿，成是边疆之利。捷方奏而祈去，章屡却而复来。崇止足以辞荣，虽高勇退；尚清闲而闭阁，谅以优为。矧兹瓯粤之区，无若会稽之善。在形势有金汤之固，于封圻为唇齿之邦。不劳施为，可以卧治。是用升华秘殿，锡宠兵符。以彰体貌之隆，以厚始终之遇。……奉身而去，循大臣进退之方；无施不宜，本儒者经术之效。"[1]

七　再执国柄

张浚独相之后，更为积极推动恢复事宜，然进复中原必须以武力为后盾，而淮西之役中刘光世违节抗命，暴露出大将权重难制之弊。自宋室南渡以来，武将军力在平定盗贼及变乱过程中逐渐得到扩充，渐成大将专兵之势，有悖于宋立国以来的弱干强枝之策。为防武将拥兵自重，谋收军权于中央，高宗绍兴七年（1137）三月车驾抵达建康后，张浚以刘光世骄惰不战罢其军权，并分其部为六军，直隶都督府，由都督府参谋军事吕祉赴庐州节制，仍以淮西军统制官王德、郦琼提举训练诸军。五月，朝廷以王德为都统制，郦琼为副都统制。郦琼不甘居于王德之下，上疏交讼至都督府、御史台。朝廷遂以王德军隶都督府，驻屯建康。八月，张浚复遣吕祉往庐州抚谕诸军。吕祉为人刚愎自用，骄倨自处，将士之情无法上达，其所乞罢免郦琼及统制官靳赛之密书为书吏漏语于郦琼。恰逢宋廷除张俊淮西宣抚使、杨沂中淮西制置使之诏书抵达庐州。郦琼因之愈发怨怒，积疑成根，积恨成仇，积仇而叛。八月八日，郦琼杀中军统制张景等，执吕祉、前知庐州赵康直及知庐州赵不群，纵掠城中而去，以兵四万人奔伪齐[2]。十一日，兵变消息上达朝廷。十二日，张浚引咎辞职，高宗未允。十四日，张浚再引咎，且荐赵鼎。高宗遂以御笔除赵鼎万寿观使兼侍读，召赵鼎赴行在。其制文云："具官某惇大而惠和，深醇而直谅。……志恢土宇，方陈辟国之谟；力避钧衡，遽受拥旄之寄。深郁具瞻之望，每驰侧席之思。其即锋车，来游琳馆，冠清班于禁殿，侍闲燕于经帷。"[3] 侍读乃为帝王讲读经史之官，每年春、秋为皇帝讲解经史两次，春季自二月至端午节止，秋季自八月至冬至日止，逢单日轮流进读。

---

[1]《宋宰辅编年录校补》卷一五《绍兴六年》，第3册第1013页。

[2] 淮西兵变中宋降伪齐人数，诸书所言不同。李心传《建炎以来系年要录》卷一一三（第5册第2113页）注云："熊克《小历》云：'琼以全军七万人北走，降刘豫。'《赵鼎事实》云：'琼以全军五万之众，归于豫。'张戒奏上语云：'淮西失精甲四万。'《日历》云失三万。人数皆不同。按：光世一军，王德所部八千人已还建康，其余必无此数。赵甡之《遗史》亦云四万人，似得其实，今从之。"脱脱等《宋史》卷二八《高宗纪五》（第2册第531页）、卷三八〇《吕祉传》（第33册第11510页）亦皆言四万人。徐自明撰、王瑞来校补《宋宰辅编年录校补》卷一五《绍兴七年》（第3册第1020页）谓七万人。熊克《中兴小纪》卷二二（第267页）、李心传《建炎以来系年要录》卷一一三（第5册第2114页）、佚名《宋史全文》卷二〇上《宋高宗十》（第5册第1506页）皆载高宗之言谓"失三万人"。徐梦莘《三朝北盟会编》卷一七八（下册第1291页）载："顺昌府报到京师云：江南刘相公副都统制郦琼等，带刘相公全甲人马，共淮西百姓十余万归附。"此"十余万"之说亦见于李心传《建炎以来系年要录》卷一一三（第5册第2115页）。又，李心传《建炎以来系年要录》卷一一四（第5册第2128页）、佚名《宋史全文》卷二〇上《宋高宗十》（第5册第1509页）所载李纲之疏则云"官吏军民，二十余万，一朝相率而北去"。

[3]（宋）李弥逊：《筠溪集》卷四《赵鼎观文殿大学士太一宫使兼侍讲》，景印文渊阁《四库全书》本，台湾商务印书馆，1985年，第1130册第618页。按：此处赵鼎官名与他书不同，今不从。

赵鼎旋即自绍兴赶赴建康行在。九月十七日，赵鼎拜左相。赵鼎除左相制文云："具官赵鼎刚毅而正直，惇大而裕和。用舍不概于中，进退必循于义。……矧兹多难，政籍全能。非渊深不足以合嘉谟，非健决不足以断大事。是用赐环于越，正位文昌。增以荣阶，授之魁柄。尊人主堂陛之势，示北斗喉舌之司。……予欲式是百辟，汝为樊侯；予欲经营四方，汝为召伯。"[1] 赵鼎寄禄官原为左正奉大夫，为文臣京朝官寄禄官三十阶之第七阶，正三品；新除之左金紫光禄大夫为文臣京朝官寄禄官三十阶之第三阶，正二品。宋制，命相进三官，"鼎再相，进四官，异礼也"[2]。

自淮西兵变后，高宗对张浚极为失望，认为张浚措置三年，穷竭民力，殚耗国用，不但未得尺寸之地，反而"坏却许多事功"[3]。赵鼎至行在后，高宗常言张浚之过，赵鼎婉曲回护。时御史中丞周秘、殿中侍御史石公揆、右正言李谊数上章弹劾张浚，张浚已罢相、落职，然言者犹以为罚不抵罪，论之未已。高宗御批张浚谪授散官，安置岭表。按照宋朝惯例，御书批出文字，不问早晚，实时行出。然赵鼎将御批暂扣，约执政大臣共同朝见高宗，再三恳奏，全力营救，张浚方被谪永州。

赵鼎复相月余，未有大施设，引起质疑，朝野议论纷纷。赵鼎谓其时局势如久病虚弱之人，再有所伤，元气必耗，唯当静以镇之，张浚大作措置，结果却事与愿违，故应当以此为戒，以安靖为第一要务。针对兵变后淮南防务空虚、朝廷与诸将关系紧张等情势，赵鼎主要从四个方面做了措置。其一，做好淮西兵变善后事宜。赵鼎建议高宗亲下手诏安抚军民，又诏庐州、寿春居民遭郦琼掳掠者免税一年；对伪齐归正者既往不咎，鼓励叛军归顺。其二，建议高宗息事宁人，着力缓和朝廷与诸大将的关系。其三，议定高宗车驾驻跸之所，以守安定根本之效。关于高宗驻跸之地，赵鼎有如下构想："若车驾留此，则来秋防守犹如今日；或兹暂回临安，即俟有警进临平江，或复幸此亦可。……若陛下果欲暂回临安，即复以建康为行宫，守臣兼留守。差内侍主管匙钥，留亲事官备洒扫。百司官府并付留司看管，以备时巡，一如两都故事，为往来之计。若金人举国来寇，即举行甲寅年捍御之策。"[4] 其四，奏请高宗屯田富国，用贤息民。

张浚独相后，曾在高宗绍兴七年（1137）五月与高宗论及《神宗实录》，认为赵鼎主持修订的《神宗实录》是非不公，主张修正。在张浚支持下，何抡请求刊正新修《神宗实录》讹谬。六月初，高宗御笔令史馆再修。据张嵲所撰《拟进〈神宗实录〉表》"淫词秽史岂宜宣示于方来，爰俾儒臣载刊抵牾，兼存朱墨，庶是非之可明；删去矫诬，俾议论之归正。事无遗落，理则宣昭"[5] 云云，可知本次纂修有增删事实、调和党争、修正议论之举，然因张浚旋即罢相，此次重修并未完成。九月，赵鼎监修国史。十月，赵鼎与高宗论及张浚主张改修之事，高宗予以否认，云："止修讹谬，非有所改也。"[6] 高宗寻又下旨："昨令史馆官再加研考新修《神宗实录》，止

[1]《宋宰辅编年录校补》卷一五《绍兴七年》，第3册第1023、1024页。

[2]《建炎以来系年要录》卷一一四，第5册第2134页。

[3]《忠正德文集》卷八《丁巳笔录》，第1128册第747页。

[4]《忠正德文集》卷八《丁巳笔录》，第1128册第749、750页。

[5]（宋）张嵲：《紫微集》卷二一，景印文渊阁《四库全书》本，台湾商务印书馆，1985年，第1131册第528、529页。

[6]《中兴小纪》卷二三，第278页。《建炎以来系年要录》卷一一五，第5册第2152页。《宋史全文》卷二〇上《宋高宗十》，第5册第1515页。

缘曾统所进本脱落不全，又九卷不载旧史，理宜修整，别无同异之嫌。元校勘官胡珵、李弥正可依旧校勘。”[1] 此书约成于高宗绍兴八年（1138）三月[2]。《神宗实录》自此次赵鼎监修后再无重修，故后世传本皆沿用此版本。

《哲宗实录》记载宋哲宗赵煦（1085~1100年在位）一朝政事，始修于元符三年（1100）九月，初成于徽宗大观四年（1110）四月，再成于徽宗政和二年（1112）四月，终成于徽宗宣和四年（1122）七月[3]。南渡后，《哲宗实录》与《神宗实录》同时于高宗绍兴四年（1134）五月开始修撰，范冲、常同为史馆修撰。六年（1136）十二月，赵鼎罢相，范冲亦去史职，遂以张浚为监修。七年（1137）九月，张浚罢相，几天后，赵鼎复相。此后赵鼎仍充监修。八年（1138）六月九日，赵鼎率史馆先上部分《哲宗实录》[4]。九月十一日，《哲宗实录》成书，共一百五十卷。九月二十四日，赵鼎以《哲宗实录》书成迁特进。

随着宋金政治形势的变化，金亦改变了对宋之策略。高宗绍兴七年（1137）正月，何藓、范宁之自金国归，以完颜宗弼书信报宋徽宗及郑皇后之凶耗事。二月，高宗以王伦为徽猷阁待制，充奉使大金国迎奉梓宫使，高公绘副之。十一月，因金廷亦不满刘豫累年图宋无功，且金廷发生大将重臣权力争斗，金熙宗应得势的主和派完颜宗磐、完颜昌之请，废伪齐政权，在汴京设立行尚书台，治理原伪齐管辖地区。十二月，王伦、高公绘自金回宋抵建康，晓以金人还梓宫及韦太后、河南诸州地，欲讲和诸事。高宗喜不自胜，遂于四日后再命王伦充大金国奉迎梓宫使，高公绘为副使使金。即位以来，高宗颠沛流离，辗转逃亡，此时局势稍安，高宗亦得喘息之机，然诸将专权，实已有违宋立国以来重文轻武之策。高宗本人经“明受之变”“张宝之乱”“淮西兵变”等变乱后，对武将的猜忌与疑虑愈发强烈。与金和议既可解除大将兵柄，又能满足其优游苟安之愿，于高宗个人而言可谓枯苗望雨、久旱逢霖。

高宗绍兴八年（1138）二月，赵鼎扈从高宗至临安。三月初，枢密使秦桧守尚书右仆射、同中书门下平章事、兼枢密使。五月下旬，金使乌陵思谋等与王伦抵达临安。时群臣激愤，议论纷纷，多以为金人不可信，不可与之议和，此种情势大忤高宗之意。“赵鼎因请间密启上曰：‘陛下与金人有不共戴天之仇，今乃屈体请和，诚非美事。然陛下不惮为之者，凡以为梓宫及母兄耳。群臣愤懑之辞，出于爱君，非有他意，不必以为深罪。陛下宜好谓之曰：“讲和诚非美事，以梓宫及母兄之故，不得已而为之。议者不过以狼子野心不可深信，但得梓宫及母兄，今日还阙，明日渝盟，吾所得多矣，此意不在讲和也。”群臣以陛下孝诚如此，必能相谅。’上以为然，群议遂息。”[5] 时赵鼎以“孝”的名义为高宗坚执和议找到托词，缓和了高宗与抗战派的关系，客观上推动了和议进程，赵鼎也因此被讥为“首鼠两端”。然赵鼎绝非高宗、秦桧般卑躬屈膝，觍颜媚敌

[1] 《建炎以来系年要录》卷一一五，第5册第2152页。《宋史全文》卷二〇上《宋高宗十》，第5册第1516页。

[2] 蔡崇榜：《宋代修史制度研究》，文津出版社，1991年，第96页。

[3] 谢贵安：《宋实录研究》，上海古籍出版社，2013年，第70页。

[4] 据《南宋馆阁录》卷四《修纂上》，此次进呈的《哲宗实录》载元丰八年（1085）到元祐八年（1093）史事。见（宋）陈骙、（宋）佚名撰，张富祥点校：《南宋馆阁录 续录》，中华书局，1998年，第27页。

[5] 《建炎以来系年要录》卷一二〇，第5册第2243、2244页。按：窃以为因秦桧父子大肆篡改史实，有关赵鼎对和议之论今恐已难窥其全貌。李心传《建炎以来系年要录》卷一二二（第5册第2274页）载李心传之言：“臣尝细考《日历》绍兴七年八月所载和议本末，凡遣使议论，悉是赵鼎所奏。……则屈己之事，皆鼎赞成之，桧实无预，天下后世果可欺哉？臣详考其故，盖绍兴十二年以前《日历》皆成于桧子熺之手，张孝祥尝乞改之。”

之辈。时金使乌陵思谋态度傲慢，不出国书，不赴都堂，欲在使馆会商和议。赵鼎不允，乌陵思谋乃于都堂与宋方会商。“然犹欲以客礼见辅臣，鼎抑之，如见从官之礼。鼎步骤雍容，思谋一见，服其有宰相体。鼎问思谋所以来之意，曰：‘王伦恳之。’问所议云何，曰：‘有好公事商议。’鼎曰：‘道君皇帝讳日尚不得闻，有何好公事？’又问：‘地界何如？’曰：‘地不可求，听大金所与。’时执政聚厅，惟王庶不之顾。鼎因与思谋议定出国书之仪，思谋气稍夺。”[1]

关于赵鼎对待和议之态度，大致有“主和议”[2]、“力沮”和议[3]、“首鼠两端”[4]、“深诋和议”[5]之说。据目前所见史料，基于赵鼎“先固本根，乃议攻战”和“以持重为先”[6]之策略，其确曾参与和议。高宗绍兴八年（1138）七月中旬，奉使大金国迎奉梓宫使王伦使金前，赵鼎就出使二十余事作出指示[7]。其中，赵鼎最关切之事有二：一为名分问题，“君臣之分已定”；二为两国边界，赵鼎以为应以“大河为界”，“二者使事之大者，或不从则已”[8]。赵鼎在坚持原则之条件下参与和议，同时又积极备战，“不忘恢复之念，常为恢复之谋”[9]，认为“须严备江南”[10]。

八　屡遭贬黜

高宗绍兴八年（1138）六月二十九日，户部侍郎向子諲奏事，论及京都旧事，其言颇及珍玩。中书舍人摄起居郎潘良贵闻之，以向子諲所言皆为无益之言，遂于高宗榻前指叱向子諲，不意激怒高宗，高宗欲治潘良贵之罪。御史中丞常同以为潘良贵之举忠直，不当罪之，将向子諲补外即可。然高宗因潘良贵为常同所荐，欲同时罢免潘良贵与常同。赵鼎以为向子諲、潘良贵、常同所作所为极不妥，然此诸人平素皆为端良之士，不当远逐。“鼎奏：‘子諲虽无罪，而同与良贵不宜逐。’二人竟出。给事中张致远谓不应以一子諲出二佳士，不书黄，上怒，顾鼎曰：‘固知致远必缴驳。’鼎问：‘何也？’上曰：‘与诸人善。’盖已有先入之言，由是不乐于鼎矣。秦桧继留身奏事，既出，鼎问：‘帝何言？’桧曰：‘上无他，恐丞相不乐耳。’”[11]此次事件中所牵涉之向子諲、常同、潘良贵、张致远皆被视为赵鼎一党，故高宗听闻秦桧所奏，难免疑心赵鼎结党营私、左右朝政。

在对金和战问题上，高宗忍耻事仇、苟且偷生之意在尚未登基时就已见端倪。自嗣统之日起，高宗即遣使向金乞和，此后宋之使者络绎于途。为能与金和好、偏安一隅，高宗甚至不惜卑躬屈

---

[1]《建炎以来系年要录》卷一二〇，第5册第2245页。

[2]（宋）黎靖德辑：《朱子语类》卷一三一《本朝五·中兴至今日人物上》，见（宋）朱熹撰、朱杰人等主编《朱子全书》，上海古籍出版社、安徽教育出版社，2002年，第18册第4092页。

[3]《建炎以来系年要录》卷一四七，第6册第2783页。

[4]据李心传《建炎以来系年要录》卷一二〇，李心传谓王庶奏疏有“首鼠两端”之言（第5册第2244页）；又据卷一二七，谢祖信弹章谓赵鼎在和、战之事上“每持两端”（第5册第2400页）。

[5]《建炎以来系年要录》卷一四七，第6册第2784页。

[6]《忠正德文集》卷三《经筵论事第一疏》，第1128册第680页。

[7]详参《忠正德文集》卷九《使指笔录》，第1128册第754页。

[8]《宋史》卷三六〇《赵鼎传》，第32册第11293页。

[9]《忠正德文集》卷三《经筵论事第二疏》，第1128册第682页。

[10]《建炎以来系年要录》卷一二〇，第5册第2236页。

[11]《宋史》卷三六〇《赵鼎传》，第32册第11292页。

膝、哀告乞怜。时甫经淮西兵变，宋元气大伤，此时得悉金废刘豫、许以议和之事，对“每惟和好是念”[1]的高宗而言，可谓正中下怀。故高宗不惜代价，唯求和议速成。面对朝野反对之声，主张“南自南，北自北”[2]的秦桧奏请高宗只与自己商讨和议之事，不许群臣干预，且反复试探高宗和议决心。在确认高宗坚定的讲和决心后，秦桧才出文字乞决和议，且独主和议之事。秦桧不遗余力推动和议，高宗自然求之不得，而赵鼎对和议的态度与高宗、秦桧之流不同，难免使高宗再生芥蒂。

秦桧嗜权如命、阴险叵测，在与高宗就屈膝求和之事达成默契后，开始对赵鼎“百计摇撼”[3]。高宗绍兴八年（1138）八月，因张婕妤与吴才人争宠，高宗御笔皇子赵璩建节封公如赵瑗例，遂令执政聚议。赵鼎以为立皇储之事乃邦国大计，赵瑗虽未正名分，但若赵瑗、赵璩二皇子不分长幼、平起平坐，则恐节外生枝、横生事端，于社稷有害无益。赵鼎、刘大中、王庶等相约纳还御笔，共上札谏阻，大大拂逆高宗之意。秦桧表面上唯赵鼎马首是瞻，实则独自留身敷奏，以迎合高宗。秦桧所言“赵鼎欲立皇太子，是待陛下终无子也，宜俟亲子乃立”[4]之语，令高宗对赵鼎更生嫌隙。

时秦桧又阴结侍御史萧振以摇撼赵鼎。萧振本为赵鼎所荐，后以亲年老力求补外。高宗绍兴八年（1138）六月，萧振因秦桧引荐试宗正少卿，八月试侍御史。萧振入台不久，即遵秦桧之意弹劾赵鼎“党魁”[5]参知政事刘大中，意图削赵鼎同党，以逼逐赵鼎去位。十月四日，刘大中罢参知政事，出知处州（今浙江丽水）。“振谓人曰：‘如赵丞相不必论。’盖欲其自为去就也。”[6]时传语纷纷，人心惶惶。“今日曰：‘赵丞相乞去矣。’明日曰：‘赵丞相般上船矣。’”[7]赵鼎亦已有所察觉，曰：“振意不在大中也。”[8]

自入权力中枢以来，赵鼎立朝行事，未尝疾言厉色，谦冲待士，直言敢谏，且处事公平，遇有诸将纷争，总能兼顾各方利益，促成诸将协力同心，与各大将关系融洽。赵鼎又好贤乐善，孜孜汲引人才，名望既高，追随者又众，难免结党之嫌。恰逢殿中侍御史张戒论给事中勾涛阴附张浚，植党营私。弹章留中不发，勾涛听闻风声，四次上章求去。高宗遣内侍谕勾涛入对奏事，“逾八刻，涛言：‘戒击臣，赵鼎意也。’因力诋鼎结台谏与诸将，上颇以为然”[9]。勾涛所论之事皆大犯高宗之忌，赵鼎势难再为高宗所容。

时赵鼎门客、敕令所删定官方畴以君子难进易退为鉴，致书赵鼎曰：“见机而作，《大易》格言。当断不断，古人深戒。”[10]赵鼎遂向高宗提出辞呈，高宗允准。赵鼎于十月二十一日罢相，再次出知绍兴府。赵鼎罢左相制云：“具官赵鼎宽肃而敏明，惇大而和裕。……虏尝震于合肥，决

[1]《建炎以来系年要录》卷一五九，第7册第3017页。
[2]《建炎以来系年要录》卷三九，第2册第868页。《宋史全文》卷一七下《宋高宗四》，第4册第1217页。
[3]《宋宰辅编年录校补》卷一五《绍兴八年》引方畴《稽山语录》，第3册第1034页。
[4]《三朝北盟会编》卷二二〇，下册第1584页。《宋史》卷四七三《秦桧传》，第39册第13759、13760页。
[5]《宋宰辅编年录校补》卷一五《绍兴八年》引朱胜非《秀水闲居录》，第3册第1032页。
[6]《建炎以来系年要录》卷一二二，第5册第2278页。《宋宰辅编年录校补》卷一五《绍兴八年》，第3册第1034页。
[7]《建炎以来系年要录》卷一二二，第5册第2278页。《宋宰辅编年录校补》卷一五《绍兴八年》引方畴《稽山语录》，第3册第1034页。
[8]《宋史》卷三六〇《赵鼎传》，第32册第11293页。
[9]《建炎以来系年要录》卷一二二，第5册第2272页。
[10]《建炎以来系年要录》卷一二二，第5册第2278页。《宋宰辅编年录校补》卷一五《绍兴八年》引方畴《稽山语录》，第3册第1034页。

汉祖亲征之计；民未安于建业，赞商盘旧土之迁。凡厥施为，皆切几会。方今政事仅修，而纪纲未振。边廷不警，而备豫尤深。恢疆未识于素谋，择邑莫知其定所。倡予和汝，正资一德以相扶；萧规曹随，亦赖同心而共济。遽乃抗章引去，力挽莫回。"[1] 十月二十八日，赵鼎入辞时，从容奏曰："臣昨罢相半年，蒙恩召还，已见宸衷所向与向来稍异。臣今再辞，而后人必有以孝弟之说胁制陛下矣。臣谓凡人中无所主而听易惑，故进言者得乘其隙而惑之。陛下圣质英迈，洞见天下是非善恶，谓宜议论一定，不复二三。……臣窃观陛下未尝容心，特既命为相，不欲重违其意，故议论取舍之间，有不得已而从者。如此乃宰相政事，非陛下政事也。"[2] 首途之日，秦桧率执政为赵鼎饯行，然赵鼎不为礼，一揖而去，秦桧由此更加憎恨赵鼎。赵鼎去朝后，朝中贤士多以议论不和，相继而去。十二月二日，应赵鼎所请，高宗除赵鼎醴泉观使，任便居住。

十二月二十四日，金国使者张通古、萧哲至行在。时虽文武百官群情激愤，纷纷上疏以为不可屈辱讲和，然高宗不惮屈己、坚执和议，秦桧处心积虑、一力促成，遂"奉表称臣"[3]，成此绍兴间第一次和议。据双方协议，宋方"许每岁银、绢至五十万"[4]，金归河南和陕西故地、宋徽宗和郑皇后"梓宫"、宋钦宗及高宗母韦氏。高宗绍兴九年（1139）正月一日，高宗诏告天下，"大金已遣使通和，割还故地，应官司行移文字，务存两国大体，不得辄加詆斥"[5]。

赵鼎久居枢要，素著清望，秦桧大忌其能，遂于高宗绍兴九年（1139）二月移赵鼎知泉州。赵鼎知泉州制云："具官某器宇刚特，谋猷靓深。通达事机，夙负敢为之略；执持魁柄，既更再入之荣。方注意以仰成，遽露章而引去。眷泉南之名郡，实闽峤之奥区，分此顾忧，莫如宿望。噫，朕任四方父母之责，念慈惠之当先；尔居千里师帅之隆，宜德威之并立。益恢治具，无俟训言。"[6] 时朝野震动，"千百人随逐，闽境为之骚然"[7]。秦桧深恐赵鼎复起，又讽言官谢祖信、曾统数上疏，论赵鼎受张邦昌伪命、专权植党、对和议首鼠两端诸罪。章五上，赵鼎遂于四月四日落荣衔节度使、检校少傅。

高宗绍兴十年（1140）正月，赵鼎幼子赵渭病逝。时赵鼎谪官丧子，负疚含恨，虽累上疏乞罢免，但未得高宗允准。四月，御史中丞王次翁论赵鼎治郡废弛，赵鼎亦再乞宫观，乃于五月提举临安府洞霄宫。六月，赵鼎至慈溪，与寓居于慈溪的家人相聚。闰六月，赵鼎至绍兴。是年五月，金人败盟，完颜宗弼率大军南侵，短短几日连陷宋之三京与河南诸郡，宋廷大为恐慌。时秦桧所倚仗之和议已荡然无存，故赵鼎离行朝愈近，秦桧愈觉威胁。赵鼎忧心时局，上疏论时政，更令秦桧惶惧不已，深恐赵鼎复起，乃讽台谏诬造罪状，挟怨陷害。闰六月二十五日，秦桧党羽御史中丞王次翁、何铸等论赵鼎阴结王时雍，受伪命为京畿提刑、干没官钱十七万缗及公物三千余件、结交宗室与武将诸罪。高宗遂取消赵鼎特进官阶，责授左中大夫、秘书少监、分司西京，兴化军居住。然右谏议大夫何铸论此举罚不抵罪，高宗遂再贬赵鼎至漳州。

---

[1] 《宋宰辅编年录校补》卷一五《绍兴八年》，第3册第1033、1034页。
[2] 《中兴小纪》卷二五，第299页。
[3] 《三朝北盟会编》卷二〇〇，下册第1444页。《建炎以来系年要录》卷一三五，第6册第2527页。
[4] 《三朝北盟会编》卷二〇〇，下册第1444页。《建炎以来系年要录》卷一三五，第6册第2527页。
[5] 《建炎以来系年要录》卷一二五，第5册第2359页。
[6] （宋）刘一止：《苕溪集》卷三九，景印文渊阁《四库全书》本，台湾商务印书馆，1985年，第1132册第192页。
[7] 《建炎以来系年要录》卷一三〇，第6册第2439页。

御史中丞王次翁又谓“漳州之比兴化军，尤为善地。以此示罚，人将玩刑”[1]。何铸亦再论。赵鼎遂于闰六月二十七日责授清远军节度副使，潮州安置。其贬谪之制略曰：“朋奸罔上，恶殆并于共、兜；专制擅权，罪实侔于杨、李。”[2] 七月一日，赵鼎得正式文书。六日，赵鼎得刑部公文，要求其即日赴潮州。七月上旬，赵鼎长子赵洙病逝。“时鼎连失洙、渭二子，与亲知书曰：‘幼子之病，以某谪温陵，失于医理而死；长子之病，以某谪潮阳，惜于离别而死。’一罹被谴，而并杀二子，盖负罪之深，宜诛而贷，故移祸私门，如此其酷。然造物者方且困之，未使其毙，强颜苟活，惟是责躬，无地自容耳。”[3] 同年十二月，赵鼎本可以明堂恩赦移漳州居住，然为言者论罢。

在潮州，赵鼎杜门谢客，深居简出，时事不挂口，有问者，但引咎而已。又在其住所自题匾额曰“得全”，自号得全居士。然秦桧权欲熏心，妒贤嫉能，为防赵鼎东山再起，对其步步相逼。高宗绍兴十二年（1142）十一月，秦桧嗾使其党右谏议大夫罗汝楫再论赵鼎“怀奸以害成，挟众以求胜”[4]，高宗诏赵鼎“今赦更不检举”[5]。“权中书舍人程敦厚草制曰：‘方同恶而相济，肯信君子以为必归；逮宁亲而解忧，是宜国人皆曰可杀。’”[6] 十四年（1144）四月十五日，赵鼎作《家训笔录》，于九月七日定稿。《家训笔录》共三十项，包括子孙德行教育、岁时享祀、课租收支、田产管理、婚嫁资送等内容。其中第二十六项、第二十七项两次言及“他日吾百年之后”[7]，以赵鼎当时险恶处境度之，或可将《家训笔录》视为其遗训。同年九月，御史中丞詹大方弹劾赵鼎邪谋密计、结党营私，遂移赵鼎吉阳军安置。约在同年底翌年初，赵鼎作《辩诬笔录》对秦桧及其党羽所列罪状一一回应，序言云：“余叨尘逾分，绩效无闻，固足以招致人言，重干典宪。而又学术迂僻，与众背驰。其辩宣仁之冤诬，正裕陵之配享，无慊于心，无负于社稷，无愧于天地神明，而两家之党布满中外，怨讟四起，丛于一身矣。销骨铄金，何所不至？度其势力，将置之必死，则凡今日流离之极，而尚延残喘者，皆君父委曲庇护之赐也。有此侥幸，尚复何言？然前后论列逾数十章，其间宁无传播失实，风闻文饰之误？是不得不辩。其他细故，无足深较。谨择其尤者，作《辩诬》。”[8]

高宗绍兴十五年（1145）二月，赵鼎以花甲之年孤身渡海，于同月二十五日至吉阳。时赵鼎潜居深处，形同囚犯，然秦桧仍视之为心腹大患，尝于一德格天阁下书赵鼎、李光、胡铨三人姓名，必欲杀之而后快。赵鼎在吉阳上谢表云：“‘白首何归，怅余生之无几；丹心未泯，誓九死以不移。’桧见之曰：‘此老倔强犹昔。’”[9] 时赵鼎身体羸弱，罹患“渴疾”（其症状与糖尿病大致相符），缺粮少药，酸寒苦厄，难以名状，门人故吏皆不敢通问。唯知静江府张宗元时有药石、醪米馈赠。秦桧听闻后，令吉阳军每月向尚书省报告赵鼎是否尚存。高宗亦不念赵鼎昔日谋国功

[1] 《建炎以来系年要录》卷一三六，第6册第2559页。
[2] 《建炎以来系年要录》卷一三六，第6册第2559、2560页。
[3] 《中兴小纪》卷二八引《赵鼎事实》，第336页。
[4] 《建炎以来系年要录》卷一四七，第6册第2783页。
[5] 《建炎以来系年要录》卷一四七，第6册第2783页。《宋史全文》卷二一上《宋高宗十三》，第5册第1656页。
[6] 《建炎以来系年要录》卷一四七，第6册第2783页。《宋史全文》卷二一上《宋高宗十三》，第5册第1656、1657页。
[7] 《忠正德文集》卷一〇《家训笔录》，第1128册第767页。
[8] 《忠正德文集》卷九《辩诬笔录》，第1128册第755页。
[9] 《宋史》卷三六〇《赵鼎传》，第32册第11294页。

绩，纵容秦桧肆意谮毁。十七年（1147）四月，秦桧党再论赵鼎，高宗诏“赵鼎遇赦永不检举”[1]。赵鼎自知难以“得全”，遂遣人告知仲子赵汾，晓以秦桧有必杀之心，已存自尽之意。为使家人全身远祸，赵鼎自撰墓志，记录籍贯及仕宦履历，于八月十二日不食而卒，遗言赵汾乞归葬常山。赵鼎临终前自书铭旌云：“身骑箕尾归天上，气作山河壮本朝。”[2] 赵鼎卒后，“朝野痛之”[3]，“四方人闻之，有泣下者”[4]。然赵鼎此举并未使家人免祸。十九年（1149）夏，赵鼎仲子赵汾奉父之丧，归葬于衢州常山。时衢州知州章惇之孙章杰以搜私酿为名，欲搜取赵鼎书信文字构陷赵氏，幸得县尉翁蒙之相助，赵汾“尽焚箧中书及弓刀之属”[5]，又因章杰为秦桧所忌，赵氏方得侥幸弹免。秦桧因“鼎已死而憾之不置，遂欲孥戮汾”[6]，乃于二十五年（1155）八月讽言官罗织罪名诬陷赵汾，且捕赵汾下大理寺，拷掠无全肤，令赵汾自诬与张浚、李光、胡寅等五十三人谋逆。因秦桧病重不能书，赵汾等遂得免祸。赵汾寻还家而卒。

赵鼎屡遭贬黜，受株连者甚众，门生故吏皆被罗织，“虽闻其死而叹息者亦加以罪”[7]。然赵鼎久居枢要，孜孜为国，束吏爱民，谦冲礼士，汲引人才，奖掖后进，故秦桧虽累兴大狱、陷害忠良，亦不乏唁问者。时赵鼎门人喻樗曾亲往临吊，又有胡铨、汪应辰等以诗文吊唁。《宋史》本传以赵鼎、宗泽并论，且以国运兴衰系之，称其专以固本为先，根本固而后敌可图、仇可复，甚为允当。本传云：“论中兴贤相，以鼎为称首云。”且论曰：“夫谋国用兵之道，有及时乘锐而可以立功者，有养威持重而后能有为者，二者之设施不同，其为忠一而已。……及赵鼎为相，则南北之势成矣。两敌之相持，非有灼然可乘之衅，则养吾力以俟时，否则，徒取危困之辱。故鼎之为国，专以固本为先，根本固而后敌可图、仇可复，此鼎之心也。惜乎一见忌于秦桧，斥逐远徙，卒赍其志而亡，君子所尤痛心也。窃尝论泽、鼎之终而益有感焉。泽之易箦也，犹连呼‘渡河’者三；而鼎自题其铭旌，有‘气作山河壮本朝’之语。何二臣之爱君忧国，虽处死生祸变之际，而犹不渝若是！而高宗惑于憸邪之口，乍任乍黜，所谓‘善善而不能用’，千载而下，忠臣义士犹为之抚卷扼腕，国之不竞，有以哉！”[8]

高宗绍兴十八年（1148）二月，赵氏得旨归葬。十九年（1149）正月，赵汾扶柩至常山永年寺。二十年（1150）十一月三十日，葬赵鼎于“衢州常山县定阳乡三岗石门湖坑社洪家坂”[9]（今常山县何家乡文图村）。二十六年（1156），追复赵鼎特进、观文殿大学士。三十二年（1162），追还赵鼎合得恩数。孝宗乾道四年（1168），追谥忠简。孝宗淳熙二年（1175），追赠太傅，追封丰国公。六年（1179），录赵鼎子孙，赐京秩。十五年（1188），赵鼎配享高宗庙庭。理宗宝庆二年（1226），赵鼎画像被悬挂于昭勋崇德阁中。

---

[1] 《建炎以来系年要录》卷一五六，第6册第2959页。《宋史》卷三〇《高宗纪七》，第2册第566页。《宋史全文》卷二一下《宋高宗十五》，第6册第1719页。

[2] 《宋史》卷三六〇，第32册第11294、11295页。

[3] 《三朝北盟会编》卷二一六引《林泉野记》，下册第1554页。

[4] 《三朝北盟会编》卷二一六，下册第1553、1554页。《建炎以来系年要录》卷一五六，第6册第2965页。《宋名臣言行录》别集下卷四《赵鼎》，第449册第561页。《宋史全文》卷二一下《宋高宗十五》，第6册第1721页。

[5] 《中兴小纪》卷三四，第414页。《建炎以来系年要录》卷一六一，第7册第3052页。《宋宰辅编年录校补》卷一五《绍兴八年》，第3册第1038页。

[6] 《宋史》卷四七三《秦桧传》，第39册第13764页。

[7] 《宋史》卷四七三《秦桧传》，第39册第13761页。

[8] 《宋史》卷三六〇《赵鼎传》，第32册第11295、11296页。

[9] 引自2019年12月浙江省常山县何家乡文图村出土赵鼎《自撰墓志》。

第七章　赵鼎在常山所作诗词

一　诗
（57 首）

还家示诸幼

避地重遭乱，还家幸再生。
一身今见汝，寸禄敢留情。
更恐死生隔，浑疑梦寐惊。
吾今犹有愧，未遂鹿门耕。

还家

但切思家念，那知行路难。
杯盘无作具，菽水自加餐。
竹老风声劲，山深夜气寒。
肯教孤枕梦，容易到长安。

大雪连日不已

日日愁阴惨不开，惊风和雪振穷埃。
百年未省南州见，千里应随北客来。
塞马晓悲沙上月，陇人遥恨笛中梅。
独怜寸草滋荣意，知道春从斗柄回。

雪晴东轩独坐

云山回合翠重重，不放幽人远目穷。
高竹有时催冻雪，饥禽竟日咽悲风。
悠悠事与本谋异，扰扰人谁此意同。
却坐蒲团聊袖手，更无一语可书空。

雪中与洙辈饮

朝市丘园定孰优，要将闲适换深忧。
门阑终日断还往，父子一樽相劝酬。
云锁山林寒悄悄，风吹雪霰暮悠悠。
醉余身世知何许，莫向东陵觅故侯。

长沙倅刘元举寄示参议伯山酬唱之什因亦次韵二首

其一

挥毫曾看妙如神，倾泄明珠百斛珍。
畴昔笑谈知寡和，后来风度绝无人。
应怜老矣纡朱绂，早约归欤岸角巾。
明镜未须羞鬓发，一樽相与永青春。

其二

秋风泽国正鲈莼，归意长随陆海珍。
簿领穷年迷旧学，疮痍千里愧斯人。
袖中本是钓竿手，头上无非漉酒巾。
节物惊心劳梦寐，衢江西岸小梅春。

暮春

花开花谢总无心，转首薰风绿满林。
人事不随春事了，眼云空与暮云深。
锦鸠呼妇商量雨，白蚁排兵做弄阴。
除却墙头老山色，更无佳客肯相寻。

次张真君韵

闻君结屋临山涧，多种黄精与紫芝。
云气每占华盖顶，松阴长护玉津池。
溪流盘转近百里，山色清虚无一姿。
传得仙人新句法，封题遥寄五言诗。

东轩即事二首

其一

投闲非避世，导引学修真。
物外元无事，壶中别有春。
水声清梦寝，山色上衣巾。
已矣将安往，乡关渺战尘。

其二

原宪贫非病，渊明懒是真。
诗留百年债，酒占四时春。
泉石高凉地，祠官自在身。
叨蒙有如此，何以效涓尘。

越土水浅易涸而近山无木可采故常有薪水之忧既归黄冈遂脱此责作诗示同舍

经年薪水困行朝，一日归来百念消。
决决溪流鸣枕下，丁丁谷响应山椒。
小安课伐犹多事，无复移居莫见招。
老矣羞为吴市隐，买田从此混渔樵。

中秋呈元长

其一

江上中秋月，天边白发翁。
一轮还自满，千里共谁同。
扰扰干戈后，栖栖羁旅中。
持杯那复问，一酹百分空。

其二

谁作清光伴，潇然属两翁。
他乡多病后，竟夕一樽同。
孤杵征衣泪，寒沙战角风。
何由遂心赏，幽思渺秋空。

九日晚坐独酌一杯

木落江城风露寒，坐惊芳岁逼雕残。
晚来自爱一杯暖，老去元无九日欢。
拟借灵均兰作佩，尚余陶令菊堪餐。
平生遍插茱萸处，短梦悠悠行路难。

有送生鸠者放之使去

山林是处有依栖，及此秋晴唤妇归。
随分谋生何厌拙，莫因饮啄傍人飞。

至宿闻陆昭中病痁

伟干亭亭叹辙鳞，敝裘破帽厌京尘。
一官耻作儿女态，扁舟去卜渔樵邻。
他乡未办饘粥计，何物更能寒热人。
努力扶持饱吃饭，秋风江上正鲈莼。

示陆昭中

执耒田园正所图，无心重整少时书。
功名常若归难必，拙直悬知退有余。
避谤杜门宾客绝，病痰妨饮酒杯疏。
平生刚笑孔文举，老我年来百不如。

山中书事

心远身闲眼界清，潇然回首万缘轻。
更将满耳是非语，换作松风溪水声。

三衢多碧轩

平生爱山心不足，寸碧已复明双眸。
暮年得此幽栖地，枕上烟岚万叠秋。

道堂

疏松怪石水泠泠，白葛乌纱晚醉醒。
想见眼前无俗物，一炉沉水写黄庭。

赠普照监院（陕人也）

飘泊嗟何往，归来恨莫从。
师犹作秦语，我已效吴侬。
水浅长河浪，山低太华峰。
几时携手去，南北本同宗。

次韵富季申寄示

相期念畴昔，道在敢忧贫。
分手便千里，论心复几人。
微词动招谤，烂醉可藏身。
第恐先求旧，黄麻起世臣。

岁晏感怀

其一

欲雪浓云冻不收，凄寒偏著敝貂裘。
客愁有许要排逐，岁事无多难挽留。
畴昔谩怀三径约，飘零聊用一樽酬。
即看瑶草光风转，作意湖山汗漫游。

其二

扫荡边氛渐有期，此生已复叹差池。
眼中种种无聊赖，身外悠悠徒尔为。
彭泽归来那得酒，少陵穷甚但哦诗。
卑栖傥遂桑榆晚，敢并鸳鸿接羽仪。

和倅车韵

其一

斯文天意属吾曹，技痒何由一快搔。
莫抚断弦思凤髓，如公便可将风骚。

其二

高标聊复寄尘凡，此意难从俗子谈。
烂醉狂吟公勿怪，公犹如此我何堪?

次韵元长观梅三首

其一

曳杖山间自探春，雨余梅意已清新。
兵戎草草伤沦落，一醉花前有几人。

其二

种柳栽花旧惜春，不知春色为谁新。
年年青眼樽前客，只有寒梅是故人。

其三

归来醉捻一作“极”一枝春，照影凉蟾过雨新。
不似霸陵愁醉尉，穿云渡水寂无人。

元长谒仲长彦文赠以樽酒

杖头挑取一壶春，要使朱颜日日新。
何必稽山寻贺老，风流俱是谪仙人。

彦文携玉友见过出示致道小诗因次其韵

其一

一壶春色玉生光，最爱霏霏绕鼻香。
浅醉不禁衣袖冷，幽林风雨夜苍凉。

其二

仙官新拜旧词臣，林下相逢又一人。
勿谓沧浪清可濯，此心原自绝纤尘。

其三

于世无功懒据鞍，诛茅种竹老空山。
不应天与静中趣，自是人容拙者闲。

谢人惠麦穗

愚轩卧病空瓶储，市米不得如求珠。
邻翁馈麦穗盈筥，或揉或簸喧庭除。
磨雷隐隐破霜瓣，家童执爨烟生厨。
须臾粥成劝我食，齐眉举案烦妻孥。
病余聊复润喉吻，软滑盈盈如膏酥。
宛然长粳欲争长，加以白豆为参舆。
童儿作颦若不足，老夫大笑为有余。
虎头食肉非不美，回视利害为何如。
平生不耕啖此物，垄头汗滴惭耕夫。
淡中有味足养福，为君努力餐一盂。

中秋醉后

顾影不成舞，披襟欲御风。
人怜经岁别，月与旧时同。
鹤警露华白，鱼潜水鉴空。
举杯还径醉，归梦广寒宫。

中秋夜清坐读欧阳公《正统论》二首

其一

稍觉清凉换縠衣，独怜衰鬓与秋期。
清樽浪作经年计，黄卷长怀万古悲。
蛩咽幽吟愁露草，鹊翻寒影绕风枝。
此生此念能忘否，梦破苍龙西去时。

其二

露濯秋空灏气生，沉沉天宇夜空明。
南楼老子兴不浅，赤壁先生梦更清。
小艇拟寻银汉路，哀砧还起玉关情。
何心把酒论欢赏，细字文书对短檠。

九日置酒坐上呈元长

未厌山林僻，那知节序迁。
高闲爱重九，安健又今年。
物外无缰锁，樽中有圣贤。
黄花自衰晚，勿复笑华颠。

正月十八日枕上

空笼疏幔晓寒清，小醉醒然不作酲。
攲枕谁能寻断梦，卧闻童子诵经声。

和通守王元美二绝句

其一

断无车马访闲曹，背暖儿童罢抑搔。
叹息深林有兰蕙，谁能收拾赋离骚？

其二

志士犹来惜寸阴，青铜那觉二毛侵。
留连春色一樽酒，未必东风识此心。

老媪折山樱一枝观其开落

坐看余香作雪飞，春风犹恋折来枝。
何如就赏芳丛下，留到丹丸结实时。

无题

胶胶身世竟何穷，急电飞花过眼空。
惟有离愁推不去，五更孤枕角声中。

再书一绝

吴九何如黄四娘，能令诗老醉颠狂。
可怜去岁花前客，戎马尘埃两鬓霜。

独坐东轩

云山环合户深关，中有幽人竟日闲。
好在窗前数竿竹，与君相伴老山间。

和元长书怀二首

其一

神灵久愤敌尘侵，畀付经营惜寸阴。
闻道倒戈回易水，行看休战牧桃林。
宁论少壮非前日，及见升平亦本心。
乱后亲朋无恙否，试凭北雁寄归音。

其二

孤怀讵胜百忧侵，息影由来贵处阴。
志谢长嘶走千里，身如倦翼返深林。
云山处处明双目，樽酒时时洗寸心。
更赖清诗为陶写，朱弦流水叹遗音。

再用前韵示范六

举目山河往恨沉，吴霜一点鬓毛侵。
飘零顾我非前日，慷慨唯君识此心。
香散药畦花漫漫，波侵蝶沼竹阴阴。
平生载酒论文地，鸿雁归时问信音。

次韵酬赠元长少卿

夫子禀家学，玉德润无色。
搢绅先生间，早岁声籍籍。
晚乃落筌蹄，云空鸟灭迹。
功名翰墨场，一笑儿时剧。

六月十三日书呈元长

心远由来绝世纷，更寻丘壑避嚣尘。
门阑已觉贫无事，宾客应怜老畏人。
诗不名家免招谤，酒虽作病要全身。
香山千载流风在，鸡黍他年早卜邻。

范元长寄示刘野夫满庭芳曲因用其语戏呈

暮年身计酒葫芦，定是前身刘野夫。
他日烂柯山下见，俨然一部黑髭须。

夜坐 一作怀范元长

寺一作“清”楼钟断锁长廊，谁共萧斋一炷一作“篆”香。
书册自能留久坐一作“住”，灯花还解劝余觞。
风回绝壑沉虚一作“清”籁，雨入幽林送嫩一作“早”凉。
老懒由来贪睡美，秋衾不怕夜初一作“偏”长。

用元长韵赠空老 一作次韵赠了空

虚怀无地著纤一作“轻”尘，独鹤孤云寄此身。
琴发一作“擅”清弹一作“法门”庐阜月，诗探一作“传”妙意一作“心印”武林春。
少陵深契赞公语，惠远能知一作“陪”陶令真。
扰扰今谁同此趣，容车山下两闲人。

山居次韵止老

衣巾翠湿阴阴竹，屐齿寒生步步云。
莫向清流还洗耳，世间言语不曾闻。

再用花字韵示止老二首

其一

灵龙夜吠千年木，丹鼎光腾九转砂。
鹤驭云軿竟何许，岩前老尽碧桃花。

其二

寻师杳隔蓬莱水，炼药长怀勾漏砂。
闻道高人犹笑此，春风无处不开花。

次韵止老见赠

谁是翻经清净侣，毋烦杖履过前溪。
不如多置葫芦酒，直使渊明醉后归。

独往亭

亭前旧种碧琅玕，别后何人著眼看？
山下溪流接潮水，时凭双鲤报平安。

二 词

（11 首）

醉蓬莱 庆寿

破新正春到，五叶尧蓂，弄芳初秀。剪彩然膏，灿华筵如昼。家庆图中，老莱堂上，竞祝翁遐寿。喜气欢容，光生玉斝，香霏金兽。

谁会高情，淡然声利，一笑尘寰，万缘何有。解组归来，访渔樵朋友。华发苍颜，任从老去，但此情依旧。岁岁年年，花前月下，一樽芳酒。

双翠羽 三月十三日夜饮南园作（旧名念奴娇）

小园曲径，度疏林深处，幽兰微馥。竹坞无人双翠羽，飞触珊珊寒玉。更欲题诗，晚来孤兴，却恐伤幽独。不如花下，一樽芳酒相属。

概念故国风流，杨花春梦短，黄粱初熟。卷白千觞须劝我，洗此胸中荣辱。醉揖南山，一声清啸，休把《离骚》读。迟留归去，月明犹挂乔木。

小重山

漠漠晴霓和雨收。长波千万里，拍天流。云帆烟棹去悠悠。西风里，归兴满沧州。

谩道醉忘忧。荡高怀远恨，更悲秋。一眉山色为谁愁。黄昏也，独自倚危楼。

减字木兰花 和倅车韵（倅将还阙，因以送之）

笔端红翠。造化工夫春有意。云梦涵胸。好去蓬山十二重。

天街追骑。催唤谪仙泥样醉。电扫云空。百斛明珠咳唾中。

好事近 雪中携酒过元长

春色遍天涯，寒谷未知消息。且共一樽芳酒，看东风飞雪。

太平遗老洞霄翁，相对两华发。一任醉魂飞去，访琼瑶宫阙。

又再和

羁旅转飞蓬，投老未知休息。却念故园春事，舞残红飞雪。

危楼高处望天涯，云海寄穷发一作“一抹山如发”。只有旧时凉月，照清伊双阙。

又再和

一炷鼻端香，方寸浪平风息。汲取玉池春水，点红炉微雪。

年来都以酒相妨，进退只毫发一作“尺退进毫发”。却道醉乡深处，是三山神阙。

又再和

烟雾锁青冥，直上九关一息。姑射有人相挽，莹肌肤冰雪。
骑鲸却下大荒来，天风乱吹发。慨念故人非是，漫尘埃城阙。

好事近 倅车还阙，分得茶词

兰烛画堂深，歌吹已终瑶席。碾破密云金缕，送蓬莱归客。
看看宣诏未央宫，草诏侍宸极。拜赐一杯甘露，泛天边春色。

少年游 山中送春

三月正当三十日，愁杀醉吟翁。可奈青春，太无情甚，归去苦匆匆。
共君今夜不须睡，樽酒且从容。说与楼头，打钟人道，休打五更钟。

乌夜啼

檐花点滴秋清。寸心惊。香断一炉沈水、一灯青。
凉宵永。孤衾冷。梦难成。叶叶高梧敲恨、送残更。

后 记

自2019年10月清理发掘赵鼎家族墓，到如今《赵鼎家族墓》一书即将出版，可喜可贺！此时此刻，不免勾起发掘赵鼎家族墓时的点点滴滴，有些事情有必要作个补充说明。

赵鼎家族墓的勘探缘起和发掘经过，本书正文已有比较详细的介绍。当时浙江省文物局给本所（浙江省文物考古研究所）下达了对赵鼎墓遗址进行考古勘探的任务函，但所里一时无法派出合适的人选负责这项工作。此类杂活工作成果难以预期，分派给谁都是苦差，而对于负责本所基本建设考古工作的我来说，则有责任和义务推进这项工作。我长年从事史前考古且临近退休，此时再从事历史时期墓葬考古实属无奈。面对一片茶山，我们对于能否发现赵鼎墓并无信心，也不知赵鼎墓是否如老乡所说已毁于以往的工程建设。主观上毫无挖宝思想，更没有挖“名人墓”的想法和动机，唯有完成省局交办任务的使命与担当。考古勘探取得意想不到的收获，多少有点运气的成分。客观上，赵鼎及其三子的墓葬早年均遭严重盗掘破坏，封土不存，墓室被毁，墓坑暴露多时，此前只是被茂密的茶树掩盖没有发现，考古勘探只是有序清理被盗墓葬的残存而已。赵鼎墓志、赵洙夫妇墓志的发现及赵洙铜印的出土，使我们确认这四个墓坑是赵鼎及其三个儿子的墓葬，即该遗址是赵鼎的家族墓地。墓志碑石未被盗走，是因为墓志没有按常规埋置于墓室内，而是置于墓室外前端或两侧。

在此，我要为现场工作的考古队员“点赞”，没有你们的辛勤付出，就不可能有《赵鼎家族墓》一书的问世。张立羊、陈琛、祝慧君三位同志是第一次独立承担野外清理墓葬工作，难免觉得程序生疏、技能不足，但他们虚心请教、边干边学，舍小家、顾大局，吃住在工地，顺利完成了野外发掘任务。尤其现场负责的张立羊，家里有两个年幼的孩子需要照顾，单位还有一大堆工作需要兼顾，更是不容易。谢谢你们！在野外清理的关键时刻，时任本所项目部主任的罗汝鹏博士伸出援手，派熟练技工陈根山、陈亮、强永军、刘喜林四位老师增援常山，承担现场测绘等技术性很强的工作，保证了现场测绘记录的准确科学。谢谢罗副书记（现为本所专职副书记），谢谢四位技工老师！

面对“支离破碎”的赵鼎家族墓发掘资料，如何公布发掘成果、采用何种刊布形式也是令我颇费思量的问题。本所方向明所长建议编辑出版考古报告专刊，使我豁然开朗。谢谢方所长的指点！方向有了，我对报告的形式与内容又犯了愁。赵鼎是南宋名相，是常山重要的历史人物，仅依托考古资料与信息难以支撑常规考古报告，更无法全面客观展示赵鼎这一历史人物的丰满形象、历史功绩及历史地位。思虑再三，我决定尝试以考古资料与文献研究成果结合的方式编写《赵鼎家族墓》，不失为有益的探索与创新。武汉工商学院朱兴艳副教授的加入极大增强了我编好《赵鼎家族墓》的信心，该书的学术性也大为提高。除“序”外，《赵鼎家族墓》全书分为上、下两编，上编“考古报告”，包括“概述”“墓葬”“相关问题讨论”“赵鼎墓园建筑复原研究”四章；下编“文献研究”，包括“赵鼎研究学术史回顾”“赵鼎传略”“赵鼎在常山所作诗歌”三章。《赵鼎家族墓》力图多维度、立体化、全方位地还原赵鼎的形象，使读者更好地理解赵鼎以及赵鼎所处时代的精神风貌。《赵鼎家族墓》成为研究赵鼎、研究南宋常山历史的权威文献是我们最大的心愿，也希望《赵鼎家族墓》能成为宣传常山、赋能常山的金名片。

本书的出版是团队合作的成果，从野外作业、资料整理到编写出版，为此付出辛劳的人很多。按惯例介绍相关篇目的执笔者如下：统筹统稿为王海明。第一至三章文字初稿由张立羊、陈琛完成，王海明修改完善；第四章由李松阳完成；第五章初稿由张立羊完成，朱兴艳修改完善；“序”及第六、七章由朱兴艳执笔。内容提要中文稿由王海明执笔，英文翻译陈明辉，日文翻译郑云飞。此外，报告中所用线图由郑豆豆、袁云江绘制，野外及器物照片由张立羊、林城拍摄，墓志及印章拓片由陈小龙、陈昌华拓印。团队成员陈琛身怀六甲还承担了大量的编务工作，令人钦佩。

我还要向多次到现场指导工作的衢州博物馆陈昌华、汤春山、叶四虎三位副馆长表示衷心的感谢，你们的智慧和经验给予我们很大帮助。

常山县委宣传部领导，常山县文化广电新闻出版局领导，常山县文物保护管理所领导，常山县何家乡党委、政府领导以及何家乡长风村乡亲为保障赵鼎家族墓的顺利发掘倾注了大量心血，给予鼎力支持和倾情帮助，在此致以诚挚的谢意！尤其是余风部长、郭永平副部长荣升，虽离开了常山县委宣传部，但依然关心关注《赵鼎家族墓》的整理出版和赵鼎文化园的建设。何家乡程敏芳书记为赵鼎家族墓发掘和赵鼎文化园建设付出的心血尤多。你们的情怀、你们的付出，历史上将会留下印记！

但愿《赵鼎家族墓》一书带给大家的是欣喜、是欣慰，并能成为为之付出努力的所有人的骄傲！期待保护展示活化利用的赵鼎文化园早日建成开放！

王海明

2024 年 7 月

Abstract

Born in Wenxi County of Shanxi Province in 1085 CE, Zhao Ding, alias Yuanzhen and styled Dequan Jushi (a title of Lay Buddhist), was not only renowned for his poems, but one of the most celebrated statesmen in the Southern Song Dynasty especially twice in his capacity as the Prime minister. Thus, *The History of the Song Dynasty* gives a good account of him as "the top-notch Prime minister of virtue and ideals in the revivifying times of the State". After being persecuted by Qin Hui, he had kept going on hunger strike to the end of life in 1147 for defending morality and justice. Following his will of "Resting in Changshan", which was ratified kindly by the imperial edict, he was interred in the next year and got his final interment in Changshan Shimen (now Wentu natural Village, Changfeng Village, Hejia Township) in 1150. Ever since then his tomb was called "忠简古冢", literal meaning loyalty and factuality.

With the approval of the State Bureau of Cultural Relics of the PRC in October 2019, a project of archaeological excavation of Zhao Ding's tomb was carried out, and it was found that the "The Ancient Tomb of Zhongjian" recorded in the literature was actually the family cemetery of Zhao Ding and his three sons. *The Family Cemetery of Zhao Ding* is a comprehensive and systematic reflection of the most significant fruits of the archaeological project and the latest products of study on Zhao Ding's life and his academic activities. Therefore, this book vividly playbacks Zhao Ding in a multi-visual angles of full sides, and could offer readers a unique opportunity to better understand Zhao Ding, his era and the national spirit of the dynasty to which he has dedicated himself.

The Family Cemetery of Zhao Ding consists of two parts: the Archaeological Report and the Literature Research. The first one has four chapters, namely, Overview, Tombs, Discussion of related issues, and Research on architectural rehabilitation of the Zhao Ding's Cemetery; The second part contains three chapters: Review of the academic history of Zhao Ding's research, Biography of Zhao Ding, and Poems by Zhao Ding in Changshan.

In a word, *The Family Cemetery of Zhao Ding*, mainly based on the first-hand and latest sources plus the local history of Changshan in the Southern Song Dynasty with the most comprehensive and systematic integration of data concerned, is an in-depth archaeological study of Zhao Ding, and epitomizes the true value for reading and collection as well.

要　約

趙鼎（1085–1147）は、字が元鎮、号が得全居士、山西の聞喜に生まれ、南宋の著名な政治家、詩人であり、前後2度宰相に就任し、『宋史』に「中興賢相之首」と誉められているが、後に秦檜に迫害され、死をもって明志する念頭を抱き、断食して死んだと言われる。「常山に帰葬する」と言うご遺言により、1148年に帰葬の聖旨を得て、1150年に常山石門（今の何家郷長風村文図自然村）に葬られた。その墓は、後世に「忠簡古塚」と呼ばれている。

2019年10月、国家文物局の許可により、趙鼎墓の考古探査および発掘が行われた。その結果、文献に記載されている「忠簡古塚」は実際に趙鼎および三人のお息子が葬られた家族墓地であることが明らかにされた。『趙鼎家族墓』には、今回の考古発掘資料を全面的に系統的に発布されると同時に、趙鼎の生涯事跡および趙鼎に関する研究成果などもその中に組み入れ、多次元、立体化、全方位的に趙鼎の人生が再現されることを試みた。この本は、さらに趙鼎および彼の生活していた時代における社会と精神的様相を理解することに役立つと考えられる。

『趙鼎家族墓』は上編と下編に分けられ、上編の「考古報告」は4章に分けられ、すなわち「概説」「墓葬」「関連問題討論」「趙鼎墓園建築復元研究」であり、下編の「文献研究」は3章に分けられ、すなわち「趙鼎研究学術史回顧」「趙鼎伝略」「趙鼎が常山で詠んだ詩」である。趙鼎および南宋常山地方史に関する最新の考古資料が全面的、また系統的に統合したものであり、考古学ならびに歴史学分野における研究者の購読価値を持つことと思われる。

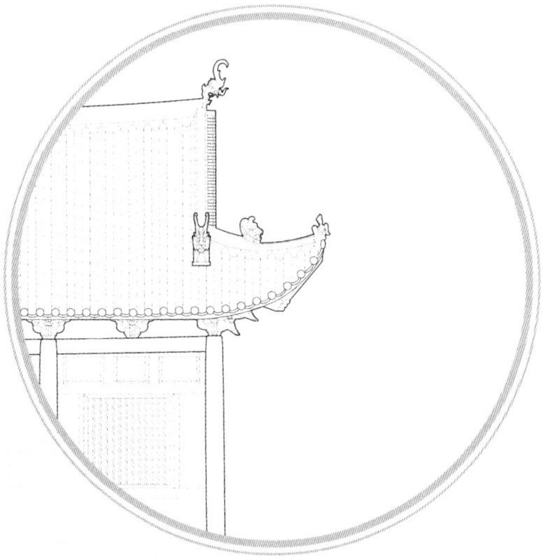

彩 版

1. 赵鼎家族墓远景

2. 建设中的赵鼎文化园

彩版一　赵鼎家族墓远景及建设中的赵鼎文化园

1. 探方清理现场

2. 领导调研考古工地

3. 墓室清理现场

彩版二　赵鼎家族墓清理情况

1. M1墓志清运

2. 墓盖石清运

3. M1墓志清运

彩版三　赵鼎家族墓清理情况

1. M1墓志清运

2. M4陆氏墓志清运

3. M4陆氏墓志清运

彩版四　赵鼎家族墓清理情况

1. M1清理前

2. M1清理现场

彩版五　M1清理前及清理现场

彩版六　M1清理后

1. M1布局

2. M1环墉

彩版七　M1布局及其环墉

彩版八　M1墓室

彩版九　M1墓室

1. M1墓志出土情形

2. M1墓志现场拓印工作

彩版一〇　M1墓志出土情形及现场拓印工作

1. M1墓志清理情况

2. M1挡水墙

彩版一一　M1墓志清理情况及墓园后部挡水墙

彩版一二　M1墓祠局部

彩版一三　M1出土赵鼎墓志（M1：1）

1. 平盘斗（M1采：1）

2. 平盘斗（M1采：2）

3. 平盘斗（M1采：3）

4. 柱础（M1采：4）

5. 柱础（M1采：5）

6. 柱础（M1采：6）

彩版一四　M1采集斗拱、柱础

1. 柱础（M1采：7）

2. 柱础（M1采：8）

3. 柱础（M1采：9）

彩版一五　M1采集柱础

1. 柱础（M1采：10）

2. 柱础（M1采：11）

3. 柱础（M1采：12）

彩版一六　M1采集柱础

1. 柱础（M1采：13）

2. 平盘斗（M1采：14）

3. 平盘斗（M1采：15）

4. 平盘斗（M1采：16）

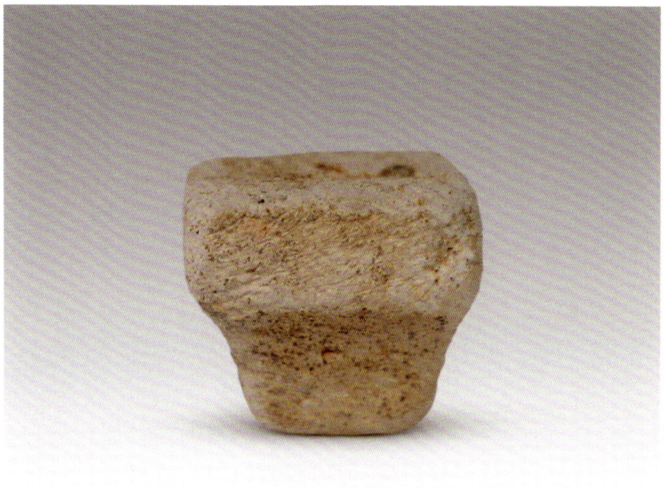

5. 平盘斗（M1采：17）

彩版一七　M1采集斗拱、柱础

1. 平盘斗（M1采：18）

2. 平盘斗（M1采：19）

3. 平盘斗（M1采：20）

4. 平盘斗（M1采：21）

5. 平盘斗（M1采：22）

6. 平盘斗（M1采：23）

彩版一八　M1采集斗拱

1. 平盘斗（M1采：24）

2. 平盘斗（M1采：25）

3. 平盘斗（M1采：26）

4. 平盘斗（M1采：27）

5. 平盘斗（M1采：28）

6. 平盘斗（M1采：29）

彩版一九　M1采集斗拱

1. 平盘斗（M1采：30）

2. 平盘斗（M1采：31）

3. 平盘斗（M1采：32）

4. 平盘斗（M1采：33）

5. 平盘斗（M1采：34）

6. 平盘斗（M1采：35）

彩版二〇　M1采集斗拱

1. 平盘斗（M1采：36）

4. 平盘斗（M1采：39）

2. 平盘斗（M1采：37）

3. 平盘斗（M1采：38）

5. 转角铺作（M1采：40）

彩版二一　M1采集斗拱、铺作

1. 转角铺作（M1采：41）

2. 转角铺作（M1采：44）

彩版二二　M1采集铺作

1. 柱头铺作（M1采：43）

2. 转角铺作（M1采：42）

3. 柱头铺作（M1采：45）

彩版二三　M1采集铺作

1. 叶脉纹滴水（M1采：46）

2. 叶脉纹滴水（M1采：47）

3. 叶脉纹滴水（M1采：48）

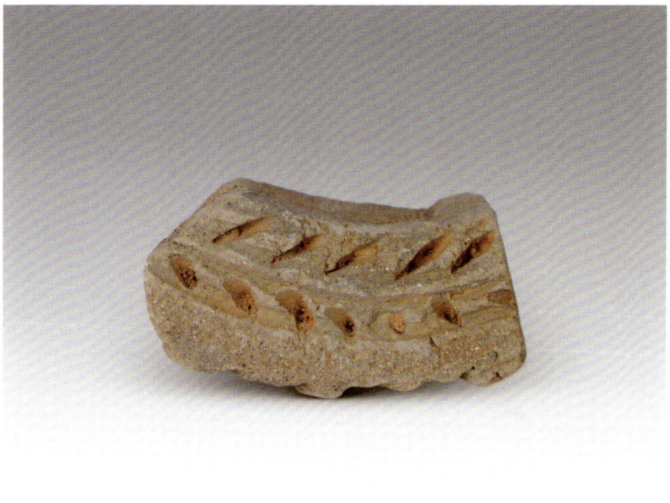

4. 叶脉纹滴水（M1采：49）

5. 叶脉纹滴水（M1采：50）

6. 叶脉纹滴水（M1采：51）

彩版二四　M1采集重唇板瓦（滴水瓦）

1. 弧线方格纹滴水（M1采：52）

2. 弧线方格纹滴水（M1采：53）

3. 弧线方格纹滴水（M1采：54）

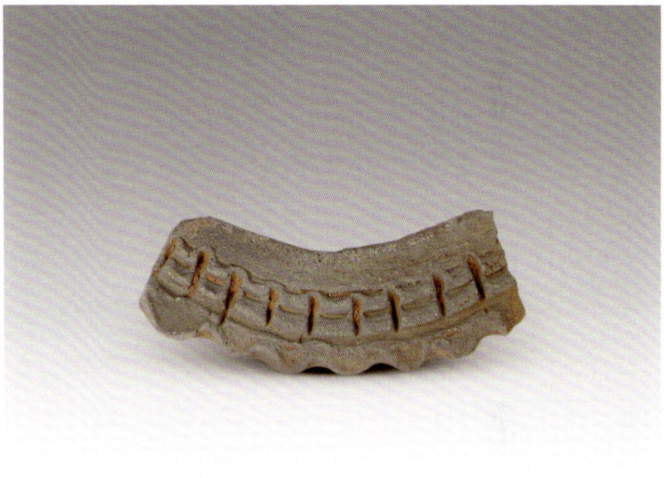

4. 弧线方格纹滴水（M1采：55）

5. 弧线方格纹滴水（M1采：56）

6. 弧线方格纹滴水（M1采：57）

彩版二五　M1采集重唇板瓦（滴水瓦）

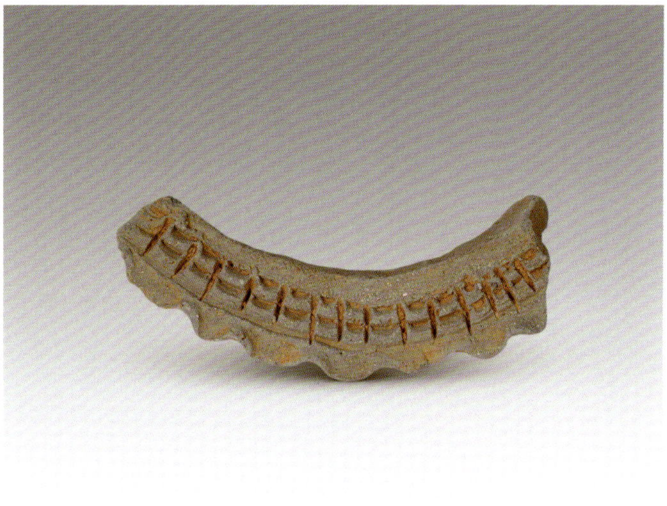

1. 弧线方格纹滴水（M1采：58）

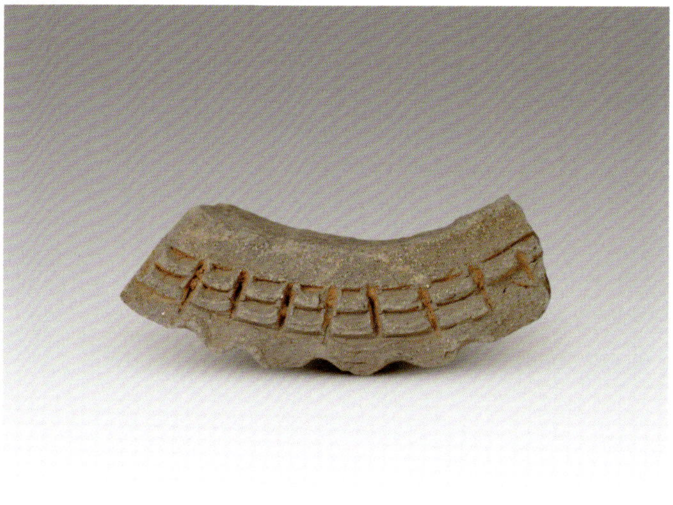

2. 弧线方格纹滴水（M1采：59）

3. 水波纹滴水（M1采：60）

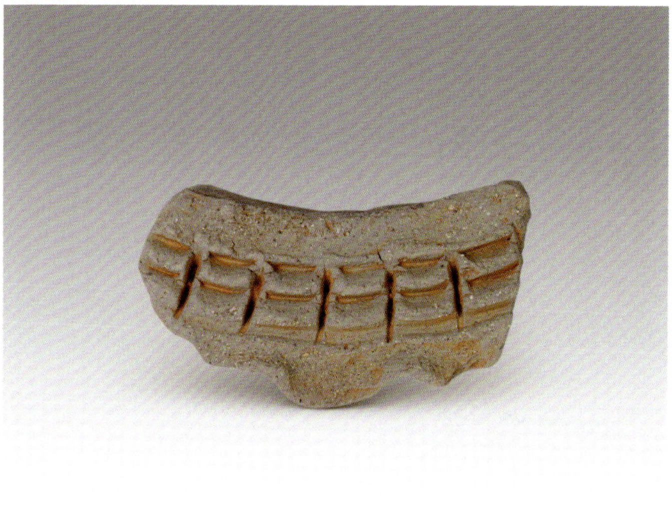

4. 弧线方格纹滴水（M1采：61）

5. 水波纹滴水（M1采：62）

6. 弧线方格纹滴水（M1采：63）

彩版二六　M1采集重唇板瓦（滴水瓦）

1. 弧线方格纹滴水（M1采：64）

2. 弧线方格纹滴水（M1采：65）

3. 叶脉纹滴水（M1采：66）

4. 叶脉纹滴水（M1采：67）

5. 叶脉纹滴水（M1采：68）

6. 叶脉纹滴水（M1采：69）

彩版二七　M1采集重唇板瓦（滴水瓦）

1. 叶脉纹滴水（M1采：70）

2. 弧形弦纹滴水（M1采：71）

3. 弧形弦纹滴水（M1采：72）

4. 弧形弦纹滴水（M1采：73）

5. 弧形弦纹滴水（M1采：74）

6. 菱形刻划纹滴水（M1采：75）

彩版二八　M1采集重唇板瓦（滴水瓦）

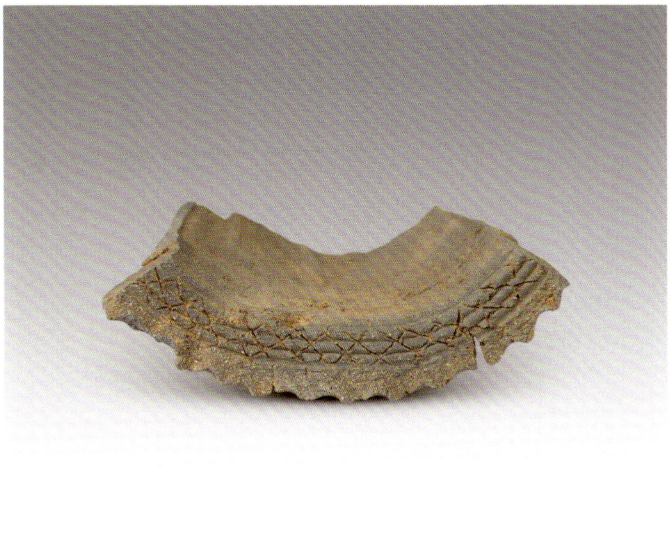

1. 菱形刻划纹滴水（M1采：76）

2. 菱形刻划纹滴水（M1采：77）

3. 菱形刻划纹滴水（M1采：78）

4. 菱形刻划纹滴水（M1采：79）

5. 菱形刻划纹滴水（M1采：80）

6. 菱形刻划纹滴水（M1采：81）

彩版二九　M1采集重唇板瓦（滴水瓦）

1. 戳印圆圈纹滴水（M1采：82）

2. 戳印圆圈纹滴水（M1采：83）

3. 戳印圆圈纹滴水（M1采：84）

4. 戳印圆圈纹滴水（M1采：85）

5. 戳印圆圈纹滴水（M1采：86）

6. 水波纹滴水（M1采：87）

彩版三〇　M1采集重唇板瓦（滴水瓦）

1. 水波纹滴水（M1采：88）

2. 水波纹滴水（M1采：89）

3. 水波纹滴水（M1采：90）

4. 水波纹滴水（M1采：91）

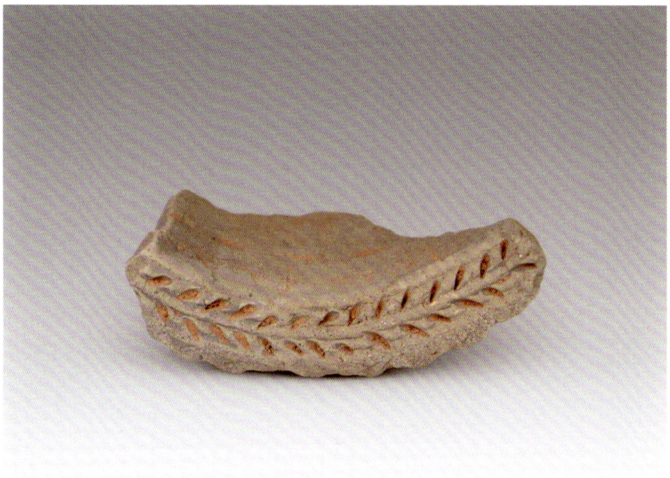

5. 叶脉纹滴水（M1采：243）

彩版三一　M1采集重唇板瓦（滴水瓦）

1. 螺旋纹瓦当（M1采：92）

2. 螺旋纹瓦当（M1采：93）

3. 螺旋纹瓦当（M1采：94）

4. 螺旋纹瓦当（M1采：95）

5. 螺旋纹瓦当（M1采：96）

6. 十八莲瓣纹瓦当（M1采：97）

彩版三二　M1采集瓦当

1. 十八莲瓣纹瓦当（M1采：98）

2. 十八莲瓣纹瓦当（M1采：99）

3. 十八莲瓣纹瓦当（M1采：100）

4. 十八莲瓣纹瓦当（M1采：101）

5. 十八莲瓣纹瓦当（M1采：102）

6. 十八莲瓣纹瓦当（M1采：103）

彩版三三　M1采集瓦当

1. 十八莲瓣纹瓦当（M1采：104）

2. 十八莲瓣纹瓦当（M1采：105）

3. 十八莲瓣纹瓦当（M1采：106）

4. 十八莲瓣纹瓦当（M1采：107）

5. 二十二莲瓣纹瓦当（M1采：108）

6. 二十二莲瓣纹瓦当（M1采：109）

彩版三四　M1采集瓦当

1. 二十二莲瓣纹瓦当（M1采：110）

2. 二十二莲瓣纹瓦当（M1采：111）

3. 二十二莲瓣纹瓦当（M1采：112）

4. 二十二莲瓣纹瓦当（M1采：113）

5. 二十二莲瓣纹瓦当（M1采：114）

6. 二十二莲瓣纹瓦当（M1采：115）

彩版三五　M1采集瓦当

1. 二十二莲瓣纹瓦当（M1采：116）

2. 二十二莲瓣纹瓦当（M1采：117）

3. 十一莲瓣纹瓦当（M1采：118）

4. 十一莲瓣纹瓦当（M1采：119）

5. 十一莲瓣纹瓦当（M1采：120）

6. 十一莲瓣纹瓦当（M1采：121）

彩版三六　M1采集瓦当

1. 十一莲瓣纹瓦当（M1采：122）

2. 十二莲瓣纹瓦当（M1采：123）

3. 九莲瓣纹瓦当（M1采：124）

4. 乳丁纹瓦当（M1采：125）

5. 乳丁纹瓦当（M1采：126）

6. 十一莲瓣纹瓦当（M1采：127）

7. 九莲瓣纹瓦当（M1采：128）

彩版三七　M1采集瓦当

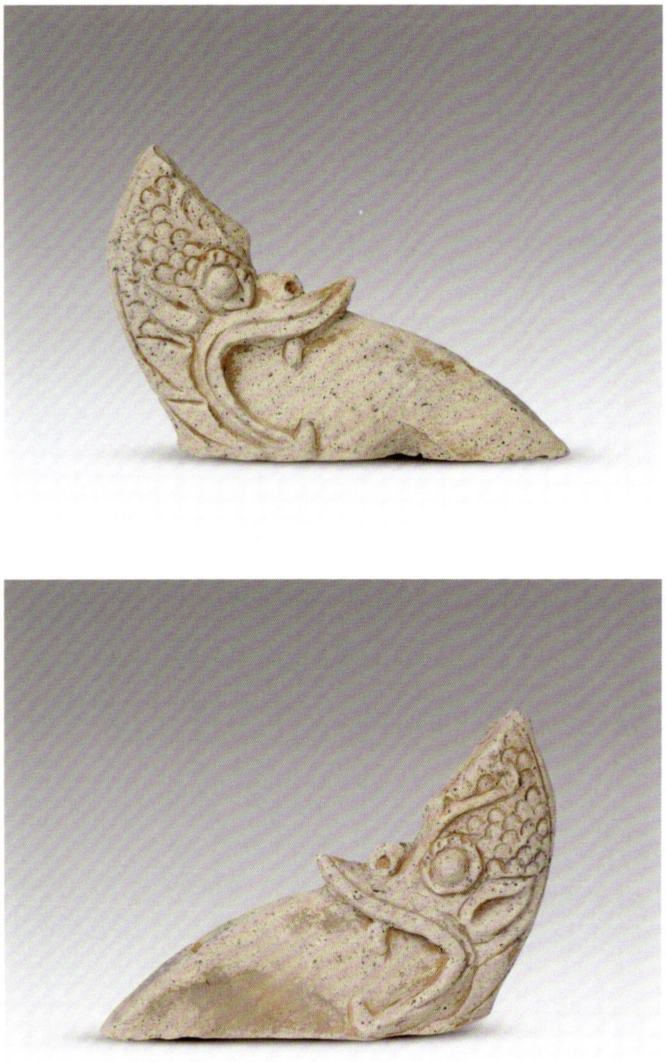

1. 鸱吻（M1采：129）

2. 鸱吻（M1采：130）

3. 鸱吻（M1采：131）

4. 鸱吻（M1采：132）

彩版三八　M1采集脊兽

1. 鸱吻（M1采：133）

2. 鸱吻（M1采：134）

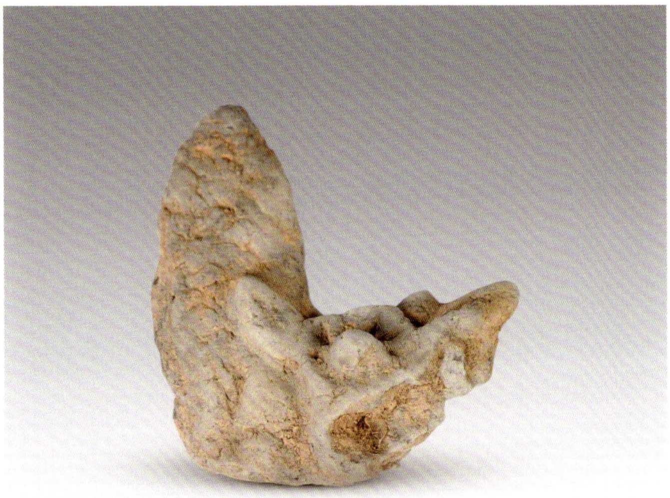

4. 檐角兽头（M1采：135）

3. 鸱吻（M1采：237）

5. 檐角兽头（M1采：136）

彩版三九　M1采集脊兽

1. 檐角兽头（M1采：137）

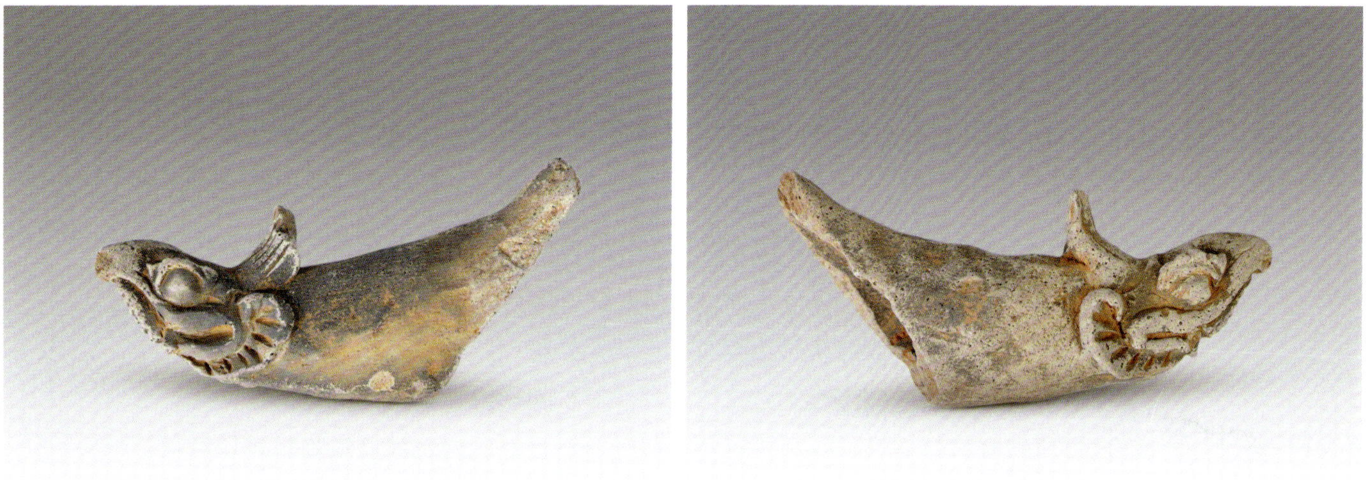

2. 檐角兽头（M1采：138）

3. 檐角兽头（M1采：139）

彩版四〇　M1采集脊兽

1. 檐角兽头（M1采：140）

2. 檐角兽头（M1采：141）

彩版四一　M1采集脊兽

1. 正脊兽头（M1采：142）

2. 正脊兽头（M1采：143）

彩版四二　M1采集脊兽

1. 正脊兽头（M1采：144）

2. 正脊兽头（M1采：145）

3. 檐角兽头（M1采：215）

4. 兽头（M1采：146）

彩版四三　M1采集脊兽

1. 望柱（M1采：147）

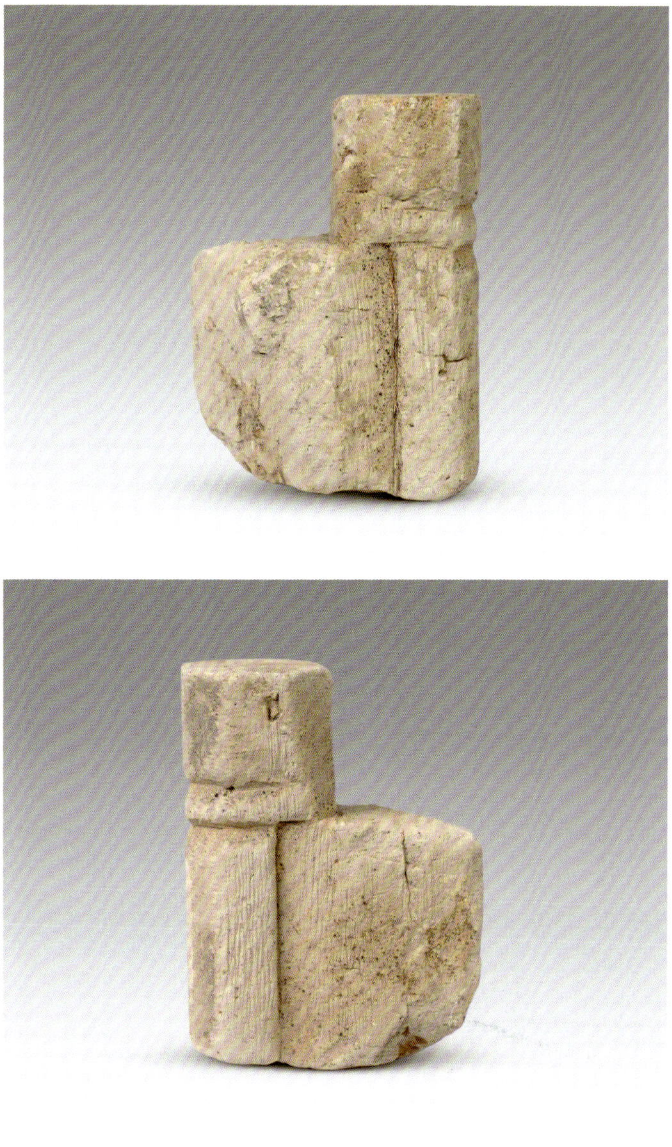

2. 望柱（M1采：148）

3. 望柱（M1采：149）

4. 望柱（M1采：150）

彩版四四　M1采集其他建筑构件

1. 望柱（M1采：151）

2. 望柱（M1采：152）

3. 望柱（M1采：153）

4. 望柱（M1采：154）

5. 望柱（M1采：155）

6. 望柱（M1采：156）

7. 望柱（M1采：157）

8. 望柱（M1采：158）

彩版四五　M1采集其他建筑构件

1. 望柱（M1采：159）

2. 望柱（M1采：160）

3. 檐柱（M1采：162）

4. 望柱（M1采：161）

5. 檐柱（M1采：163）

6. 檐柱（M1采：164）

7. 望柱（M1采：165）

彩版四六　M1采集其他建筑构件

1. 瓦垄组合（M1采：166）

2. 瓦垄组合（M1采：167）

3. 瓦垄组合（M1采：168）

彩版四七　M1采集其他建筑构件

1. 瓦垄组合（M1采：169）

2. 瓦垄组合（M1采：170）

4. 瓦垄组合（M1采：172）

3. 瓦垄组合（M1采：171）

5. 瓦垄组合（M1采：173）

彩版四八　M1采集其他建筑构件

1. 瓦垄组合（M1采：174）

2. 瓦垄组合（M1采：175）

3. 瓦垄组合（M1采：176）

彩版四九　M1采集其他建筑构件

1. 瓦垄组合（M1采：177）

2. 瓦垄组合（M1采：178）

3. 瓦垄组合（M1采：179）

4. 瓦垄组合（M1采：180）

5. 瓦垄组合（M1采：181）

彩版五〇　M1采集其他建筑构件

2. 瓦垄组合（M1采：183）

1. 瓦垄组合（M1采：182）

3. 格子门（M1采：184）

4. 勾栏（M1采：185）

5. 勾栏（M1采：186）

彩版五一　M1采集其他建筑构件

1. 勾栏（M1采：187）

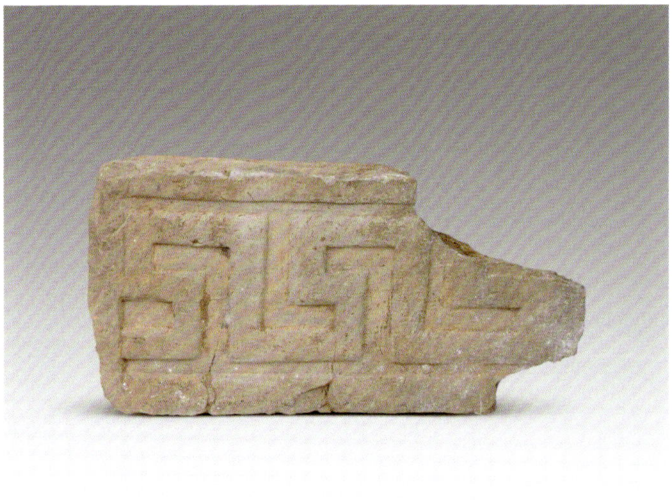

2. 勾栏（M1采：188）

3. 勾栏（M1采：189）

4. 勾栏（M1采：190）

5. 勾栏（M1采：191）

6. 勾栏（M1采：192）

彩版五二　M1采集其他建筑构件

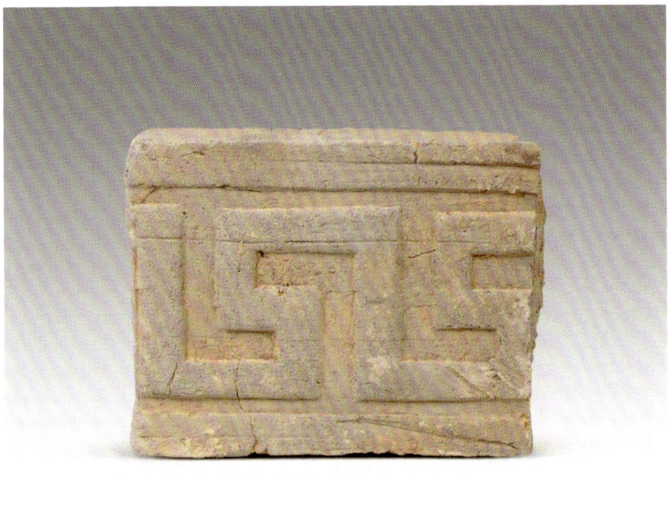

1. 勾栏（M1采：193）

2. 勾栏（M1采：194）

3. 勾栏（M1采：195）

4. 勾栏（M1采：196）

5. 格子门（M1采：197）

6. 勾栏（M1采：198）

彩版五三　M1采集其他建筑构件

1. 瓦垄组合（M1采：212）

3. 石构件（M1采：214）

2. 勾栏（M1采：213）

彩版五四　M1采集其他建筑构件

1. 宋代砖（M1采：199）

2. 宋代砖（M1采：200）

彩版五五　M1采集墓葬用砖

1. M4清理前

2. M4清理后

彩版五六　M4清理前后

彩版五七　M4清理情况

1. M4墓室前砖铺地面和残存墓道

2. 陆氏墓志出土情形

彩版五八　M4墓室前砖铺地面和残存墓道及陆氏墓志出土情形

1. 赵洙墓室盖板局部

2. M4墓室清理后

3. 陆氏墓室盗洞

彩版五九　M4墓室清理情况

1. 赵洙耳室清理情况

2. 赵洙耳室清理情况

3. 陆氏耳室器物出土情形

彩版六〇　M4耳室清理情况

1. 韩瓶（M4：1）

2. 韩瓶（M4：2）

彩版六一　M4出土遗物

1. 瓷盒（M4：3）

2. 瓷罐（M4：4）

3. 印章（M4：5）

4. 玉环（M4：6）

彩版六二　M4出土遗物

彩版六三　M4出土赵洙墓志（M4：7）

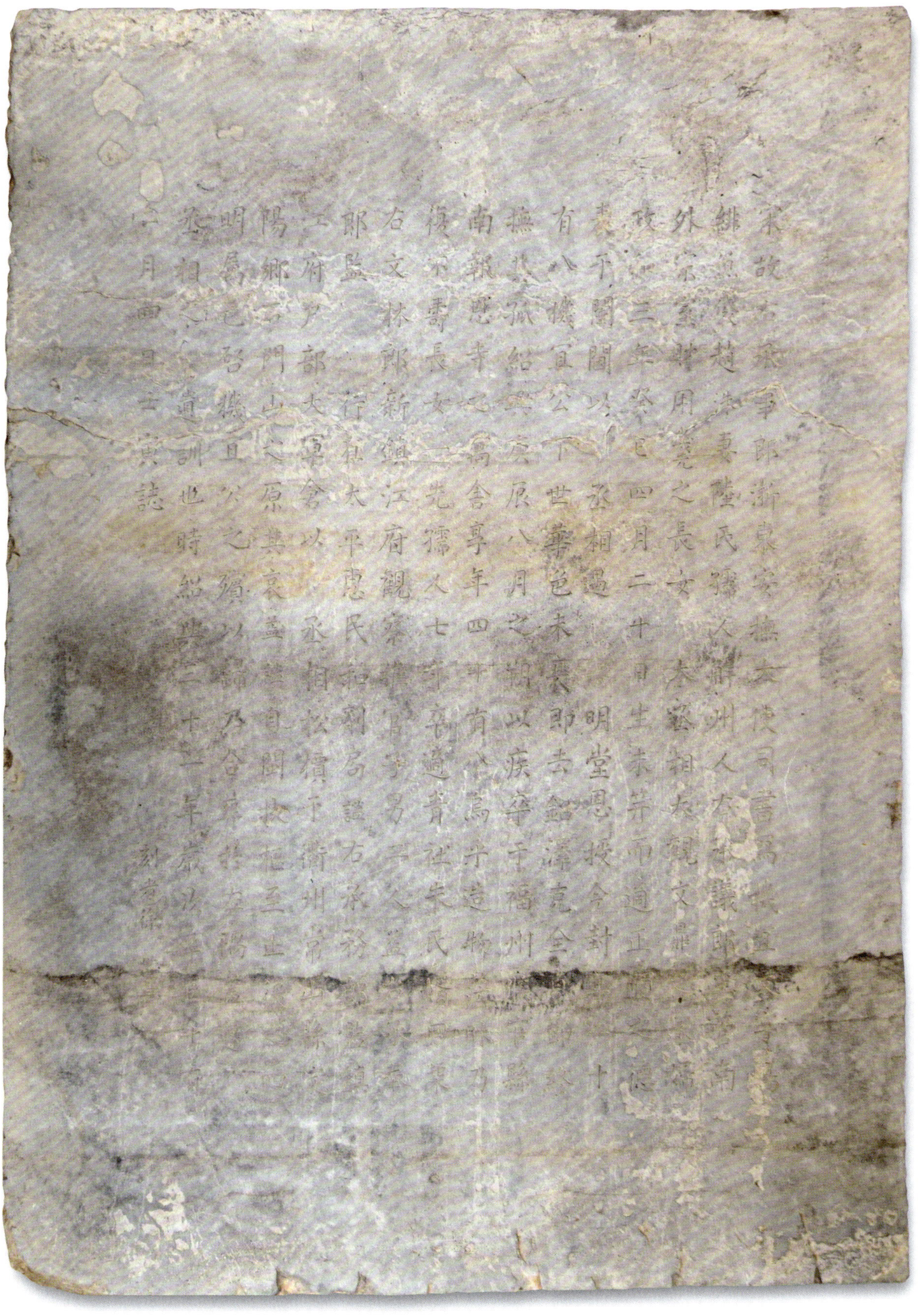

彩版六四　M4出土赵洙妻陆氏墓志（M4：8）

1. M3清理前

2. M3清理后

彩版六五　M3清理前后

1. M3砖砌拱券保护顶

2. M3盖板

3. M3盖板

彩版六六　M3墓室清理情况

1. M3墓室揭去盖板后

2. M3墓室壁龛

彩版六七　M3墓室清理情况

1. 陶盏（M3：1）

3. 瓷碗（M3：3）

2. 陶罐（M3：2）

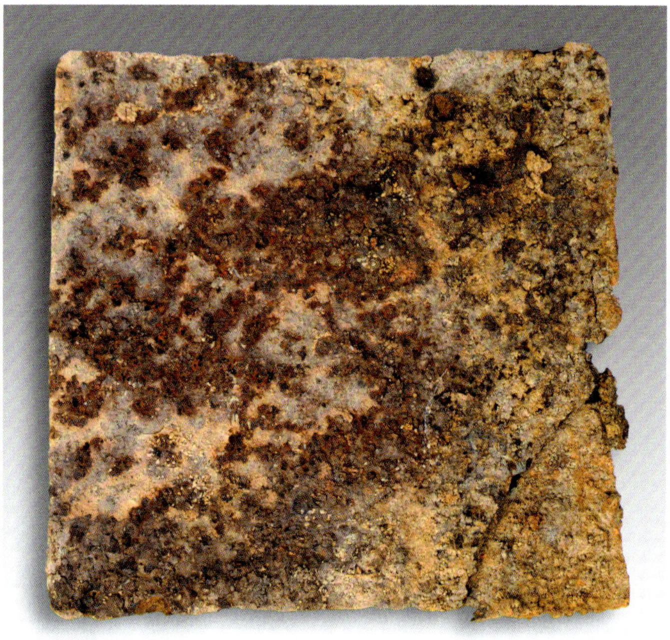

4. 铁券（M3：4）

彩版六八　M3出土遗物

1. M2清理前

2. M2清理前所见块石铺砌墓道

彩版六九　M2清理前

彩版七〇　M2清理后

彩版七一　赵鼎墓园复原图

1. M1~M4分布情况复原图

2. M2~M4分布情况复原图

彩版七二　赵鼎家族墓分布情况复原图